山西省高校"1331"项目资助

体育舞蹈美学研究

李梓豪 著

辽宁人民出版社

© 李梓豪　2023

图书在版编目（CIP）数据

体育舞蹈美学研究 / 李梓豪著 . — 沈阳：辽宁人民出版社，2023.6
ISBN 978-7-205-10744-4

Ⅰ . ①体… Ⅱ . ①李… Ⅲ . ①体育舞蹈－舞蹈美学－研究 Ⅳ . ①G831.3

中国国家版本馆 CIP 数据核字 (2023) 第 060807 号

出版发行：	辽宁人民出版社
地　　址：	沈阳市和平区十一纬路25号　邮编：110003
电　　话：	024-23284321（邮　购）　024-23284324（发行部）
传　　真：	024-23284191（发行部）　024-23284304（办公室）
	http://www.lnpph.com.cn
印　　刷：	辽宁新华印务有限公司
幅面尺寸：	170mm×240mm
印　　张：	14
字　　数：	225千字
出版时间：	2023年6月第1版
印刷时间：	2023年6月第1次印刷
责任编辑：	张天恒　王晓筱
装帧设计：	识途文化
责任校对：	吴艳杰
书　　号：	ISBN 978-7-205-10744-4
定　　价：	68.00元

前　言

体育舞蹈集艺术、体育、音乐于一体，被誉为"健"与"美"的典范。它具有增进健康、陶冶情操、休闲娱乐、交流表演、培养气质、提高素养等功能，是世界通用的"情感语言"。体育舞蹈是一种舞蹈与艺术融为一体的高雅文化艺术，自20世纪80年代体育舞蹈传入中国以来，仅用了30年的时间就得到了很大程度的发展。它将运动美以及艺术美完美地结合起来，对个体的良好形体、体能素质的发展、心理健康发展以及审美能力、创造和表现能力的提高都具有重要的促进作用，同时成为高校体育教学的重要内容之一。

在经济全球化的浪潮中，为了全面、协调、可持续地发展高等教育，培养具有世界先进文化的现代大学生，是所有高校的奋斗目标。高校体育开设体育舞蹈课程，不仅符合国家提倡的办学方向，而且丰富了校园文化生活，迎合了当代大学生的兴趣爱好和审美品位。

近些年来，随着"以人为本""健康第一"的观念越来越深入人心，群众体育和校园体育都呈现出了良好的发展势头，越来越多的人成为体育运动的参与者，包括健美操和体育舞蹈在内的多项运动项目的推广范围持续扩大，以此来满足当代人在身心方面的需求。健美操与体育舞蹈的推广和发展，充分彰显了当代人对自我完善、个性发展、身心愉悦三方面的共同追求，极大地丰富了人们的日常生活，此外在发展过程中全面反映了运动本身的多重价值，加深了人们对健美操和体育舞蹈塑形的理解。

本书分为三个部分：第一部分通过体育舞蹈美学理论概述，介绍体育舞蹈的起源、基本知识、美学本质以及审美形态；第二部分体育舞蹈美学应用实践篇，介绍了摩登舞、拉丁舞以及其他体育舞蹈的形体美学探索；第三部分体育舞蹈美学传播发展篇，介绍了体育舞蹈的文化传播以及产业发展。本书语言简练，内容通俗易懂，突出实用性和可操作性。

在本书的写作过程中，参考了许多专家和学者的书籍和资料，在此表示敬意和感谢。由于水平所限，本书难免存在不妥之处，恳请广大读者批评指正。

目 录

第一篇 体育舞蹈美学理论基础

第一章 体育舞蹈概述 … 3
第一节 体育舞蹈的起源与发展 … 3
第二节 体育舞蹈的特点与功能 … 7
第三节 体育舞蹈基本常识 … 13

第二章 体育舞蹈美学本质 … 24
第一节 从西方美学发展论体育舞蹈美的本质 … 25
第二节 从中国美学思想论体育舞蹈美的本质 … 29
第三节 国内外对体育舞蹈审美的归纳 … 34

第三章 体育舞蹈审美形态 … 36
第一节 体育舞蹈的健康美 … 36
第二节 体育舞蹈的身体美 … 37
第三节 体育舞蹈是身体艺术的极致 … 45

第四节　体育舞蹈的运动美 …………………………………… 52

第五节　体育舞蹈的行动美 …………………………………… 57

第六节　体育舞蹈的服饰美 …………………………………… 59

第七节　体育舞蹈的音乐美 …………………………………… 61

第八节　体育舞蹈的审美特征以及具体表现 ………………… 62

第二篇　体育舞蹈美学应用实践

第四章　摩登舞的形体美学研究 ……………………………… 69

第一节　华尔兹舞的形体美学研究 …………………………… 69

第二节　探戈舞的形体美学研究 ……………………………… 73

第三节　狐步舞的形体美学研究 ……………………………… 82

第四节　快步舞的形体美学研究 ……………………………… 87

第五节　维也纳华尔兹舞的形体美学研究 …………………… 92

第五章　拉丁舞的形体美学研究 ……………………………… 98

第一节　伦巴舞的形体美学研究 ……………………………… 98

第二节　桑巴舞的形体美学研究 ……………………………… 104

第三节　恰恰舞的形体美学研究 ……………………………… 109

第四节　牛仔舞的形体美学研究 ……………………………… 115

第五节　斗牛舞的形体美学研究 ……………………………… 122

第六章　其他体育舞蹈的形体美学研究 ……………………… 128

第一节　瑜伽的形体美学研究 ………………………………… 128

第二节　普拉提的形体美学研究 ·· 139
第三节　肚皮舞的形体美学研究 ·· 153

第三篇　体育舞蹈美学传播发展

第七章　体育舞蹈的文化传播 ·· 165
第一节　体育舞蹈文化传播过程 ·· 165
第二节　体育舞蹈文化传播途径 ·· 175
第三节　体育舞蹈的国际化传播 ·· 180

第八章　体育舞蹈产业发展研究 ·· 186
第一节　体育舞蹈产业发展的内部影响因素 ································ 186
第二节　体育舞蹈产业发展的外部影响因素 ································ 189
第三节　促进我国体育舞蹈产业发展的路径 ································ 193

参考文献 ·· 211

第一篇 体育舞蹈美学理论基础

第一章 体育舞蹈概述

第一节 体育舞蹈的起源与发展

一、体育舞蹈的起源

体育舞蹈是以人自身的形体动作为物质手段,通过充满生命活力的韵律,抒发人的内心情感的身体活动。体育舞蹈集体育、音乐、舞蹈于一体,具有健身、竞技、娱乐、审美等多方面的价值。

体育舞蹈经过几百年的不断发展,主要经历了原始舞、公众舞、民间舞、宫廷舞、社交舞、新旧国际标准舞等几个发展阶段。

体育舞蹈由交际舞发展而来。而作为社交活动的交际舞最早可以追溯到人类社会的原始时期,那时候的交际舞是由部落同一性别的成员来跳,舞者之间并不发生身体接触。而现代意义上的交际舞则是地道的"双人舞",舞者之间会出现身体的接触。

在欧洲,农民舞蹈中的交际舞,如"低舞"与"孔雀舞",这两种舞都是通过男女合作来完成的。16世纪,在英国被称为"乡村舞"的队列舞盛行。17世纪,在法国"小步舞"受到广泛的欢迎。到了18世纪中期,在维也纳的郊区和奥地利的高山地区产生了华尔兹舞。18世纪末,这种古老的奥地利农民舞蹈逐渐被传入上流社会。在法国,华尔兹舞逐渐流传开来,并在法国革命之后得到了资产阶级的全面接受。19世纪初,华尔兹舞中出现了近距离的握抱形式,这种形式是对传统交际舞观念的一种冲击,这也使得交际舞发生了革命性的变化。尔后，波尔卡也逐渐发展起来，这种舞蹈成了交际舞的时尚。到了 20 世纪，狐步舞、探戈舞等交际舞也相继出现，这样现代交际舞的内涵也渐渐明晰，它是指"舞伴距离较近"的在舞厅中活动的交际舞。

第一家交际舞舞厅出现在 1768 年的巴黎，这时交际舞在欧美各国已经开始广泛流行，成为一种普遍的社交方式。经过一百多年的不断发展，交际舞在自身的发展演变中逐渐保留了一些风格鲜明、舞步规范的技巧体系。

1924 年，英国皇家舞蹈教师协会对当时的交际舞进行了整理，将各种舞的舞步、舞姿、跳法进行规范，同时规范了布鲁斯、慢华尔兹、慢狐步舞、快华尔兹、快步舞、伦巴、探戈等交际舞。

1950 年，由英国 ICBD（摩登舞国际理事会）主办了首届世界性的"黑池舞蹈节"，同时将规范后的舞蹈命名为"国际标准交谊舞"，在此之后每年的 5 月，在英国的"黑池"都会举办一届世界性的大赛。国际标准交谊舞通过比赛在世界各地不断推广，其自身也实现了很好的发展。第二次世界大战以后，英国皇家舞蹈教师协会又对拉丁舞进行了整理，并将其纳入国际体育舞蹈的范畴。

1960 年，拉丁舞也成为世界交际舞锦标赛的比赛项目之一，这样就在国际上形成了具有统一舞步的两大系列，包括 10 个舞种的国际标准舞。

二、体育舞蹈的发展

（一）世界体育舞蹈的发展

体育舞蹈的发展过程与体育舞蹈相关组织的管理、竞赛组织以及各种推广工作的开展密切相关。具体来讲，体育舞蹈的发展大致经历了原始舞—公众舞—民间舞—宫廷舞—社交舞—新旧国际标准舞等阶段。

国际体育舞蹈联合会（International Dance Sport Federation，IDSF）是世界体育舞蹈著名的组织机构之一，主要负责对世界业余舞蹈及体育舞蹈的比赛工作进行管理，此外还负责不同国家之间的舞蹈和体育舞蹈的交流与沟通工作。

世界舞蹈及体育舞蹈理事会（World Dance and Dance Sport Council，WDDSC）是世界体育舞蹈著名组织机构，其职能主要是负责世界体育舞蹈的赛事组织与管理，但主要是对职业体育舞蹈赛事进行管理。

国际体育舞蹈联合会与世界舞蹈及体育舞蹈理事会为现代体育舞蹈在世界范围内的推广、普及、发展起到了非常积极的推动作用。

1935年12月10日，体育舞蹈的第一个国际组织——国际业余舞蹈联合会成立。

1957年，国际业余舞蹈联合会取消了原来的名称，更名为国际业余舞蹈理事会。1990年，国际业余舞蹈理事会又更名为国际体育舞蹈联合会。

1992年，国际体育舞蹈联合会正式成为国际单项体育联合会总会的会员。1995年，国际体育舞蹈联合会（IDSF）获得了世界运动（IWGA）和国际体育联合会协会（ARISF）会员资格。

1995年，国际体育舞蹈联合会（IDSF）成为国际奥委会的临时会员。1997年9月，国际奥委会对体育舞蹈所具有的合法性予以承认，国际体育舞蹈联合会（IDSF）从而成为代表体育舞蹈领域的唯一国际组织。

1995年4月，体育舞蹈开始向竞技化的方向发展。当时，体育舞蹈被国际奥委会正式列为奥运会的"观察项目"。

1997年9月5日，国际奥委会在洛桑召开执委会，国际体育舞蹈联合会的合法性被正式承认。国际奥委会对国际体育舞蹈联合会的认可具有标志性意义，体育舞蹈此后在世界竞技体育中也有了更为广阔的发展空间。

20世纪80年代，国际标准舞已经发展到了一定的水平，世界体育舞蹈的规则也更为严格。由于国际标准舞种的统一，使得体育舞蹈运动员之间的竞技较量越来越激烈，很多国家逐渐开始致力于推动国际标准舞的发展。就此，国际标准舞逐渐诞生出一个新的名字，即"体育舞蹈"。这一变化不仅仅是称谓的改变，更为重要的是体育舞蹈被注入了体育这样一种新的活力，从而也迎来了一个新的发展天地。

2000年，在悉尼举办的第27届奥运会上，体育舞蹈被列为闭幕式表演项目之一；国际体育舞蹈联合会还积极争取将体育舞蹈项目列入2008年北京奥运会。

体育舞蹈以其独特的运动魅力吸引着世界各国、各地区的人们广泛参与，国际上每年都会举办很多体育舞蹈竞赛或者不同形式的体育舞蹈交流活动。体育舞蹈所具备的健身价值也非常突出，为体育舞蹈爱好者的心理健康发展奠定了良好的基础，同时还能够促进人与人之间友谊的提升，体育舞蹈也因此受到了人们的喜爱，其群众基础也相当广泛，这也正是体育舞蹈能够长久持续发展的原因所在。

（二）我国体育舞蹈的发展

交际舞于20世纪30年代传入我国，而竞技性舞蹈在我国开始推行的时间是20世纪80年代中期。

1986年10月，日本国际标准舞业内人士及有关组织通过中国人民对外友好协会联系到中国舞蹈家协会，同时将国际标准舞引入中国。

1987年4月，首届"中国杯"国际标准舞比赛在北京举办，之后每年举办一次。同年5月，首届"中日国际标准舞友好杯比赛"也成功举办。在之后的几年间，全国连续举办了20多期的培训班，国际标准舞在我国得到了普及与发展。

20世纪90年代，我国的国际标准舞进入了迅速发展的历史阶段。为了更好地适应国际发展的形势，我国的国际标准舞改称为体育舞蹈。与此同时，我国也对相应的组织机构进行了组织与建立。另外，我国还采取了"走出去"的策略来推动我国体育舞蹈的发展，大量的国际标准舞和体育舞蹈选手赶赴国外的各大知名赛事，对国际体育舞蹈的发展有了更全面的了解。

1993年，北京舞蹈学院社会舞蹈系开设了国际标准舞专业；1994年，体育舞蹈专选课程在北京体育大学开设；1994年，北京成立了第一所民办国际标准舞学院。发展到目前，体育类、艺术类以及师范类高等学校都相继成立了体育舞蹈专业，这对于我国体育舞蹈师资的培养以及技术体系的发展都产生了很好的推动作用。

1995年，英国皇家舞蹈教师协会（ISTD）在上海组织了教师的考核，有30多人通过了准会员级（Associate）考核，成为该协会首批中国籍准会员。

1996年，国际舞蹈教师协会（IDTA）在北京组织了教师考核，有16人通过评审级（Member）考核，有34人通过了教师级的考核。

1998年12月，经过中国文学艺术界联合会（以下简称"中国文联"）批准，国际标准舞被正式纳入"荷花奖"的评奖项目中，国际标准舞从此被正式纳入专业舞蹈的评奖行列。2007年，国际标准舞被纳入"桃李杯"舞蹈大赛体系。

在2005年举行的澳门东亚运动会和曼谷亚洲室内运动会上，中国体育舞蹈代表队获得了10金、10银、4铜的好成绩。

2007年10月，在澳门举行的第二届亚洲室内运动会上，中国体育舞蹈代表队获得了6金、7银、7铜的骄人战绩。

在2010年广州举办的亚运会上，中国代表团获得了体育舞蹈项目全部10枚金牌。

2012年，中国北京国际体育舞蹈公开赛在北京地坛体育馆落幕。这次公开赛是北京市举办的最高级别的国际体育舞蹈赛事之一，包括WDSF世界青年拉丁舞锦标赛、WDSF表演舞锦标赛和WDSF标准舞大奖赛3个项目。

2015年，第90届黑池舞蹈节上，我国选手满载荣誉而归。目前，中国体育舞蹈已得到迅速发展。

第二节　体育舞蹈的特点与功能

一、体育舞蹈的特点

（一）体育舞蹈的总体特点

体育舞蹈与其他运动有许多类似特点，也有自身较为显著的独特之处，其总体特点主要表现为以下几个方面：

1. 竞技性

体育舞蹈经过长时间的发展与演变，如今已经形成了具有自身特性的一种舞蹈。体育舞蹈各种形式的比赛日趋正规化，相应的比赛规则也在不断地发展和完善，参加体育舞蹈比赛的国家越来越多，其所具有的竞技性也在不断增强。

2. 健身性

体育舞蹈与其他的健身体育相同，对于人们都有着身、心两方面的积极作用。

在健身方面,体育舞蹈是人的生理机体的运动过程。体育舞蹈各个技术动作的完成都需要运动者身体各肢体、器官的协调配合,而体育舞蹈的出色完成则需要运动者进行反复的练习。

在健心方面,体育舞蹈以其特定的音乐、气氛与舞姿,通过非常微妙的信息传递并感染每一个舞蹈练习者与观众。

3. 娱乐性

体育舞蹈所具备的娱乐性不仅是其区别于舞蹈艺术的重要特征,同时也是体育舞蹈有别于其他体育项目的一项重要特点。体育舞蹈强调自身的和谐发展。正是由于具备娱乐性这一特征,使得体育舞蹈能够迅速地在全国得到很好的普及与发展。

4. 艺术性

体育舞蹈是一门艺术,它有着自身独特的"艺术语言"。体育舞蹈是一项集形体美、健康美、线条美于一体的艺术,它注重气质以及文化修养的培养。

体育舞蹈并不是基本动作的一种简单堆砌,也不是单纯技巧的展示,而是通过一定的形式表现一定的内容,具有很强的思想性。在体育舞蹈中,表达一定内容的动作组合称为"舞蹈语汇"。体育舞蹈的一招一式都与人物的内心活动相对应,是运动者心灵的外化。舞蹈动作的编排是根据人物以及情节设计的,从而使组合起来的动作更加富有内涵且个性鲜明。不管是表现具体的细节、行为以及心理活动,还是表现较为抽象的情绪以及精神气质等,体育舞蹈都具有一定的内涵,表现出显著的艺术性特征。

5. 观赏性

体育舞蹈将音乐美、服装美、风度美以及体态美完美地融合在一起,不仅具有高雅性,同时还具备通俗与大众化的特点。作为一门视觉艺术,体育舞蹈的欣赏感知点可以从形态中表现出来。例如,在欣赏摩登舞比赛与表演时,选手的服装与装饰首先会吸引观赏者的目光:男舞者通常会身着燕尾服,打着领结,风度翩翩,气质高雅;而女舞者往往身着长摆褶裙,秀丽端庄而且典雅大方。

6. 技巧性

体育舞蹈兼有体育与文艺的双重特点,具有严格的规范性与技巧性。体育舞蹈是一个完整的舞蹈系统，是一项高雅文明的娱乐活动，它对于舞姿、舞步及其相应的表现力都有着很高的要求。经过长时间的发展与完善，如今的体育舞蹈已经有许多高难度的技术动作。观众常常被舞蹈表演者展示的高难度技巧所折服。

7. 抒情性

体育舞蹈同样具有抒情性的特点。法国舞蹈理论家诺维尔曾说："舞蹈没有平静的对话，凡属冷冰冰议论的一切，它都没有能力表达。为了取代语言，需要很多可见的东西和行动，需要鲜明有力地表达出来的激情与感情。"体育舞蹈表现感情时，不仅可以大到某种情绪范畴，还可以细到一个人的内心情绪波动过程。例如，"恰恰"能够以欢快的动作来表现少男少女的活泼情态，而斗牛舞则能够很好地表现出斗牛士振奋向上的精神。

8. 独特性

体育舞蹈的类型不同，其动作所具备的风格特点也存在着很大的不同。例如，华尔兹的动作婉转多变、起伏流畅，舞姿文静飘逸、优美柔和；狐步舞舞步轻柔、圆滑，动作悠闲自在、平稳大方；探戈舞斜行横步，动作刚劲，或动或静，或快或慢，错落有致。可以说，体育舞蹈特异的风格也是其巨大的魅力所在。

（二）体育舞蹈不同舞种的具体特点

在当前的国际体育竞技中，体育舞蹈是体育运动项目之一。它是以男女为伴的一种步行式双人舞的竞赛项目；分两个项群，10个舞种。下面主要对摩登舞与拉丁舞这两个项群的特点进行具体分析。

1. 摩登舞

摩登舞主要包括华尔兹、维也纳华尔兹、探戈、狐步、快步舞等，下面就这些舞种的运动特点进行具体阐述。

（1）华尔兹舞的特点

华尔兹舞用W表示，是Waltz的缩写，也称"慢三步"。华尔兹是摩登舞的一种，其舞曲具有优美的旋律而且风格抒情，节奏为3/4的中慢拍，每分钟28~30小节。每小节三拍为一组舞步，每拍一步，第一拍为重拍，三步一起伏循环。舞者在跳华尔兹时，通过身体膝、踝、足底以及掌趾的有关动作，同时结合身体的升降、倾斜以及摆荡加以配合，从而带动舞步的移动，使舞步表现得起伏连绵，舞姿华丽而典雅。

（2）快步舞的特点

快步舞用 Q 表示，是 Quick Step 的缩写，同样是摩登舞的项目之一。快步舞的舞曲风格明亮而欢快，舞步轻快灵活，表现出非常强烈的跳跃感，是一种轻快欢乐的舞蹈形式。快步舞的节奏为 4/4 拍，每分钟 50~52 小节。每小节包括四拍，第一拍为重拍，第三拍为次重拍。舞步则分为快步与慢步：快步用 Q 表示，时值为一拍；慢步用 S 表示，时值为二拍。

（3）探戈舞的特点

探戈舞用 T 表示，是英文 Tango 的缩写。探戈舞为 2/4 拍节奏，每分钟 30~34 小节。每小节二拍，第一拍为重拍。探戈舞的舞步包括快步与慢步两种形式，快步（Quick）占半拍，用 Q 表示；慢步（Slow）占一拍，用 S 表示。舞曲节奏中包含停顿，并且强调切分音；舞步顿挫有力，具有潇洒豪放的特征；舞者的身体不出现起伏，也没有升降与旋转的动作；舞者表情严肃，同时伴随头部动作。

（4）维也纳华尔兹舞的特点

维也纳华尔兹舞用 V 表示，是 Viennese Waltz 的缩写，也称"快三步"，是摩登舞项目之一。维也纳华尔兹舞的旋律较为流畅华丽，舞曲的节奏轻松而且明快，为 3/4 拍节奏，每分钟 56~60 小节，每小节二拍，第一拍为重拍，第四拍为次重拍。基本步法是六拍走六步，2 小节是一个循环，第一小节为一次起伏。维也纳华尔兹舞的基本动作为左右快速旋转步，完成反身、倾斜、摆荡等舞蹈技巧。维也纳华尔兹舞的舞步平稳而且轻快，舞姿高雅而且较为庄重。

（5）狐步舞的特点

狐步舞用 F 表示，也称"福克斯"，是 Slow Foxtrot 的缩写，是摩登舞项目之一。狐步舞的舞曲比较讲究抒情而且形式较为流畅，节奏为 4/4 拍，每分钟 28~30 小节，每小节包括四拍，第一拍为重拍，第三拍为次重拍。狐步舞的基本步法为四拍走一步，每四拍就是一个循环。狐步舞分快步与慢步，第一步为慢步（S），占二拍；第二、三步为快步（Q），各占一拍。舞者通过足踝、足底、掌趾的动作进行身体的升降与起伏，同时也非常强调反身、肩引导与倾斜的技术。狐步舞的舞步流畅而且平滑，步幅较为宽大，舞态优雅如行云流水。

2.拉丁舞

拉丁舞是体育舞蹈项群之一，其内容包括桑巴舞、伦巴舞、牛仔舞、恰恰舞和斗牛舞。拉丁舞的不同舞种有着各自不同的特点，下面就对其进行具体分析。

（1）桑巴舞的特点

桑巴舞用 S 表示，是英文 Samba 的缩写。桑巴舞的舞曲欢快热烈，节奏为 2/4 拍或 4/4 拍，每分钟 52～54 小节。桑巴舞的强拍落在每小节的第二拍或第四拍。桑巴舞的每小节完成一个基本舞步，舞步在全脚掌踏地与半脚掌垫步之间交替完成，舞者通过身体膝盖的上下屈伸弹动来实现身体的前后摇摆，同时沿着舞程线绕场行进。桑巴舞这项舞蹈形式具有很强的流动性，而且讲究动律感，步法摇曳紧凑，风格热烈奔放。

（2）伦巴舞的特点

伦巴舞用 R 表示，是英文 Rumba 的缩写。伦巴舞的节奏为 4/4 拍，每分钟 27～29 小节，每小节四拍。伦巴舞乐曲旋律的特点是强拍落在每小节的第四拍。舞步从第四拍起跳，由一个慢步和两个快步组成，四拍走三步，胯部摆动三次。伦巴舞的胯部动作是由控制身体重心的一只脚向另一只脚移动而形成向两侧做弯曲形摆动。伦巴舞这种舞蹈舒展而优美，舞者的舞姿表现得婀娜多姿，具有柔媚和抒情的风格。

（3）牛仔舞的特点

牛仔舞用 J 表示，是英文 Jive 的缩写。牛仔舞舞曲的旋律较为欢快，具有显著的跳跃性，节奏为 4/4 拍，每分钟 42～44 小节，六拍跳八步。牛仔舞是由基本舞步踏步、并合步，同时结合跳跃、旋转等动作组成的。在舞者进行牛仔舞时，要求身体的脚掌部位要踏地，腰部与胯部进行钟摆式的摆动，舞步敏捷而且跳跃，舞姿轻松、热情而且欢快。

（4）恰恰舞的特点

恰恰舞用 C 表示，是英文 Cha-Cha 的缩写。恰恰舞的节奏为 4/4 拍，每分钟 30～32 小节。每小节四拍，强拍落在第一拍。四拍走五步，包括两个慢步和三个快步。第一步踏在第二拍，时间值占一拍；第二步占一拍；第三、四两步各占半拍；第五步占一拍，踏在舞曲的第一拍上。舞者的胯部每小节向两侧摆动六次。恰恰舞的舞曲热情而且奔放，舞步利落，步频也很快。

（5）斗牛舞的特点

斗牛舞用 P 表示，是英文 Paso Doble 的缩写，属拉丁舞项目之一。斗牛舞的音乐是旋律高昂雄壮、鲜明有力的西班牙进行曲。节奏为 2/4 拍，每分钟 60~62 小节。一拍一步，八拍为一个循环，特点主要表现为舞步的流动性很大，同时沿着舞程线绕场行进，是一种游走型的舞蹈形式。斗牛舞的舞姿较为挺拔，没有胯部的动作与夸张的膝盖屈伸。舞者用身体的踝关节与脚掌平踏地面完成舞步。斗牛舞具有很强的力度感，舞者的发力非常迅速，收步也较为敏捷。

二、体育舞蹈的功能

体育舞蹈不仅具有鲜明的运动特点，同时还有着多方面的功能。具体来讲，体育舞蹈的功能主要表现在以下几个方面。

（一）有助于身体素质的提高

练习体育舞蹈有助于增强运动者的体力，从而有效改善运动者身体的内脏器官功能，还可以提高关节与韧带的活动幅度，增强关节的弹性以及灵活性，提高身体的协调性、灵活性、柔韧性等身体素质。另外，经常参加体育舞蹈还有助于运动者机体新陈代谢的改善。

（二）有利于形体的发展与气质的培养

体育舞蹈对于运动者形体的发展也有着非常积极的作用，它能够有效减少运动者体内多余的脂肪，合理控制体重，使体重与关节匀称、和谐地发展。体育舞蹈能够陶冶美的情操，培养运动者高尚的情趣，提高人的表现力及艺术鉴赏力，增强韵律感、节奏感和美感体验，培养高雅、庄重的行为举止，使人的个性魅力增强。体育舞蹈对于形成正确的身体姿态与健美的体形、培养高雅的气质等方面具有非常积极的作用。

（三）给人以美的享受

体育舞蹈所具备的内容美、形式美、技艺美、精神美使其自身有着极强的感召力，同时还能够有效地满足人们的审美需要，给人以审美享受的价值。

（四）有利于消除紧张与不安情绪

良好的情绪对于人们保持良好的心理状态非常重要。在良好的心理状态下，人的思想会更为开阔，思维更加敏捷，解决问题也会更有效率，思维清晰并且富于推理。体育舞蹈能够有效地消除身体的疲劳，调节运动者的情绪，同时还能够活跃身心，改善人的精神面貌，使人身心舒畅、性格开朗、心情愉快并且具有充沛的精力。由此可见，参与体育舞蹈对于减轻运动者的身心负担、提高学习与工作效率是非常有利的。

在参与体育舞蹈时，运动者的身心也能够在娱乐与愉悦中得到有效的放松。

第三节　体育舞蹈基本常识

一、体育舞蹈的名词术语

具体来讲，体育舞蹈的名词术语主要包括基本名词、基本术语以及动作术语。

（一）基本名词

1. 舞程向

体育舞蹈规则规定，如果多个体育舞蹈运动员在同一舞池中进行体育舞蹈比赛，那么各组运动员应该按照逆时针的方向行进，从而有效防止相互之间发生碰撞。在舞池中，舞者的行进方向就是舞程向。

2. 舞程线

舞程线指的是沿舞程向行进的路线。这是一条设想线，在舞池的四周，与墙壁保持平行。

严格来说，舞程线是一种方向的移动，它会根据情况的不同发生一定的改变，有时也将舞程线称为舞程向。在体育舞蹈比赛中，舞者沿着这个设想的线运行，因此可以理解为体育舞者的运动轨迹指向，如果舞者在比赛过程中逆向"行驶"就是错误的，因为这样就会碰撞到其他的舞者。

3. 舞姿

（1）闭式位舞姿：在舞蹈中，舞伴二人相对，双手扶握对方。

（2）侧行位舞姿：在舞蹈中，男舞者右侧身体贴近女舞者左侧身体，二人另外的一侧分别向外展开，二人组成"V"形站立。

（3）外侧位舞姿：在摩登舞中，男女舞者的一方向另一方的右外侧（常见）或者左外侧（较少见）前进所形成的身体位置。

（4）并肩位舞姿：在拉丁舞中，男女舞者面对同一方向肩臂相并的身体位置。

（5）影子位舞姿：指的是男女舞者互为影子，即二人面向同一方向重叠站立的身体相对位置。

4. 反身动作与反身动作位置

（1）反身动作：在体育舞蹈中，舞者的脚步前进与后退的同时，其相对一侧的身体跟随脚步向同一方向移动。具体来讲，在舞蹈过程中，当舞者一侧的脚开始行进（前进或者后退）时，其一侧的身体通过推送的方式使身体与脚形成一种反方向的配合动作，之后通过身体肩部的带动与引导旋转，从而使身体进行左右转动，同时保持身体重心的稳定与平衡。反身动作可以很好地展示出舞者身体的线条美，这是一种动态动作，往往会在一瞬间带过。

（2）反身动作位置：指的是舞者运用反身动作的原理，使身体形态相对静止在一定位置上，在身体保持不动的情况下，一脚在身前或者身后形成交叉，从而保证两人身体维持相靠姿势的身体位置，是一个滞留形态动作，舞者两条腿形成一条直线，便于衔接其他动作。

5. 摆荡动作

体育舞蹈的摆荡动作指的是舞者的上升、横向移动过程中身体的摆动。

6. 升降动作

体育舞蹈的升降动作指的是舞者身体的上升与下降，这种动作主要是通过身体关节的屈、伸转换来实现的。

7. 倾斜动作

体育舞蹈的倾斜动作指的是舞者身体动作的倾斜，主要是通过不同的舞步来完成的。通常来讲，舞者身体的倾斜多向左右方向进行，倾斜动作的完成过程中，整个身体与地面形成三角的斜线。

8. 节奏

体育舞蹈的节奏指的是节拍的反复，具有体育舞蹈音乐特定的性格特色。

9. 组合

在体育舞蹈中，不同舞步（两个或两个以上）之间的结合称为组合。

10. 速度

体育舞蹈中的速度专指体育舞蹈的音乐速度，具体描述为每一分钟的音乐小节数。

11. 套路

体育舞蹈中多个舞步按一定的逻辑顺序衔接，组成动作套路。

12. 姿态

（1）伦巴舞和恰恰舞：在舞蹈过程中，舞者两脚自然轻松地靠拢站好，挺胸，脊椎骨伸直，不要耸肩，一脚向侧跨一步，将身体的重心落在支撑腿上，同时支撑腿保持伸直状态，使胯部往旁后方向移动，将身体重量落在支撑脚的前脚掌上，膝盖向后伸直锁紧，上身保持平衡静止状态。

（2）桑巴舞和牛仔舞：在舞蹈过程中，舞者双脚保持自然放松，挺胸，脊椎骨伸直，不要耸肩，任一脚侧跨一步，将身体的重心落在支撑腿上，同时支撑腿伸直，感觉重量放在支撑脚的前脚掌上，脚跟稍微离开地面，膝盖稍微弯曲。

（3）斗牛舞：斗牛舞中没有胯部动作，因此在姿态方面表现出以下几方面的特点：并立时骨盆向前稍微倾斜；身体的重量由两脚共同支撑；腿伸直时，膝盖不要向后缩紧。

13. 开式舞姿和闭式舞姿

（1）开式舞姿：也叫作侧行位舞姿，简称"PP"，在这种舞姿中男女舞者身体向左右打开，但是二者的腰髋部保持相贴，二人的身体状态呈"V"形。

（2）闭式舞姿：华尔兹舞、狐步舞、快步舞、维也纳华尔兹舞等的舞姿各要素及姿态见表1-1。

表1-1 华尔兹舞、狐步舞、快步舞、维也纳华尔兹舞的舞姿

要求	具体姿态
站位	男女舞者相对站立，两脚相距约10厘米。双膝微屈，右脚尖对准对方两脚中间，双脚及身体稍前倾。男士身体重心在右脚，女士身体重心在左脚
身体位置	男女均立腰，沉肩。以腹部1/2的右腹部接触对方，胸肋以下至大腿根部（腹股沟）与对方相贴
头部位置	男士头颈基本保持正直。胯部向左微转约15度。女士头部向左转约45度，含颌，颈部尽量向上牵伸，有头顶天花板的感觉。胸椎尽量后伸，向后打开胸部线条
手臂位置	男：双臂平举，两肘保持水平。左臂大臂与小臂弯曲形成约90度，左肘比肩低5~10厘米。左手高度与女士右耳齐平。右臂的肘关节弯曲70度~80度。左手虎口与女士右手虎口相交，掌心空出，以拇指和中指卡在右掌骨与指骨关节处，其余三指并拢。右手五指并拢伸直，置于女右肩胛骨外侧稍上位置 女：双臂侧平举，两肘保持水平，右臂弯曲约150度，右手与男士左手轻握，掌心向前，手腕松弛。左臂轻贴男士右臂上，左手虎口张开，轻轻放在男右上臂三角肌中部。其余三指可上翘，五指呈兰花指或弹指状

（二）基本术语

舞蹈术语指的是专门描述和形容舞蹈中所涉及的动作及相关内容的专门用语。除了一些常规的舞蹈术语外，体育舞蹈中还包含一些特殊的专属术语，下面就对体育舞蹈中的相关术语进行具体分析。

1. 舞蹈方位

舞蹈方位指的是舞者在舞池中的身体所面对或背对的方向。当舞者以肩引导（侧行）时，方位不变。当进行拉丁舞表演时，舞者的方位是否正确则非常重要。其中，伦巴舞、恰恰舞是非前进式的舞蹈，而桑巴舞与帕索多不列舞则属于前进式的舞蹈。

在体育舞蹈中，若活动目的不同、固定位置不同，则方位也不同，主要包括以下三种情况：

（1）在体育舞蹈中，为了更好地理解舞蹈术语中的有关方位，身体方位通常是以练习者自身为基点，以面向老师的方向为正前方，称为1点，每向右转45度为一个方向，一共分为八个方向，分别是1点、2点、3点、4点、5点、6点、7点、8点（如图1-1）。

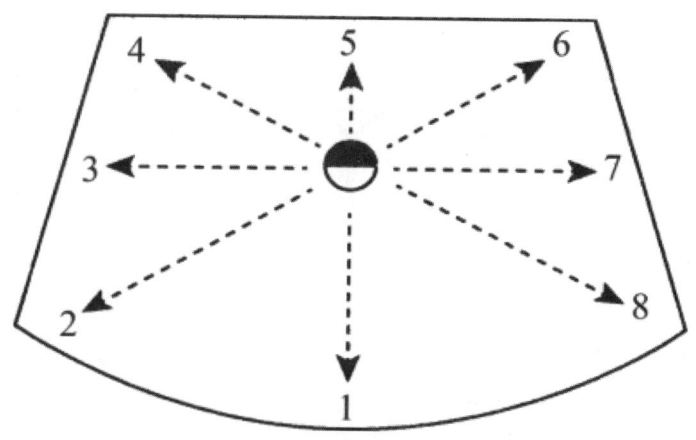

图1-1

（2）在体育舞蹈中，为了更有利于辨别方位与检查旋转的角度，依据国际惯例，通常以乐队演奏台的一面为规定方位的基点，定为"1点"，每向顺时针方向转动45度角则变动一个方位。以此类推2，3，4……共包括8个点。因此，一个场地中的四个面就是1，3，5，7点，四个角就是2，4，6，8点（如图1-2）。

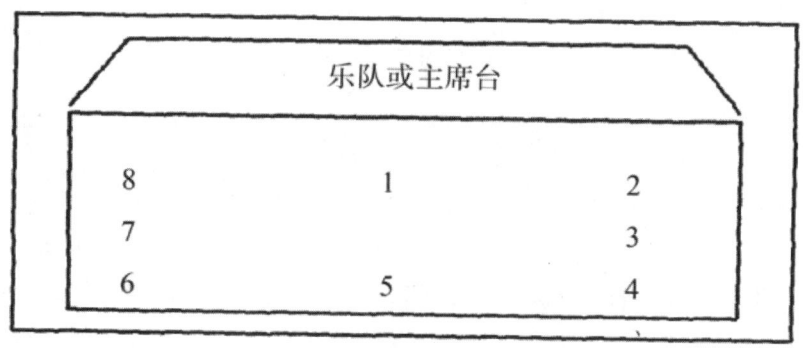

图1-2

（3）在非固定位置时，即舞蹈者按舞程线不断变换方位，向前移动，则还需要与舞程线发生联系。因此，国际体育舞蹈的比赛规定了几条线来指示舞蹈者每个舞步的行进方向（如图1-3）。

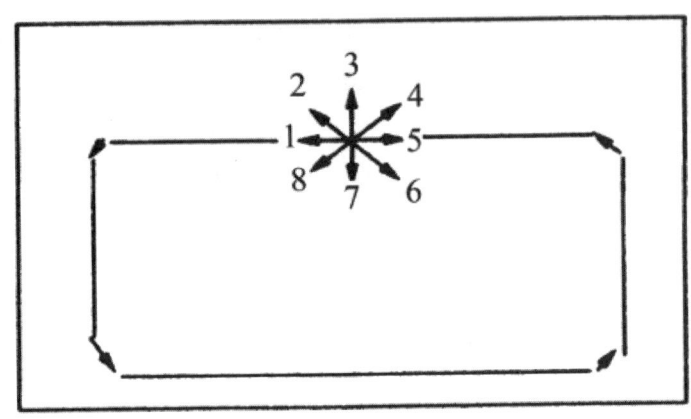

图1-3

移动中的体育舞蹈身体方位是以男舞者正对舞程线站立而确定的身体位置，处于其左侧的舞厅部分为中央（并不是指舞厅的中心点），处于其右侧部分为墙。图1-3中各线的名称具体如下：

男伴面对的方向上的线叫作舞程线（1线）。

男伴右前方（右转45°），以其身体为基准朝壁线倾斜的线叫作壁斜线（2线）。

男伴右肩（右转90°）所向为四壁，称为壁线（3线）。

男伴左后方（左转135°）的方向，与中央逆向倾斜的线称为中央斜线（4线）。

男伴背部方向上的线称为逆舞程线（5线）。

男伴右后方（右转135°）的方向上的线，朝壁线逆向倾斜，称之为逆壁斜线（6线）。男伴左肩（左转90°）所向的舞池中央的线称为中央线（7线）。

男伴左前方（左转45°）的方向朝中央线倾斜的线称为中央斜线（8线）。

在体育舞蹈中，只要舞者是沿着舞程向的周向行进，则无论舞者行进到哪一点，以上的方向与线都适用。

2. 旋转度

旋转度（简称转度）就是以脚的位置为标准，衡量旋转动作中每一步型、每一舞步，甚至每一舞步间的旋转是多少度。

在体育舞蹈中，为了更好地保证舞蹈的严谨性与精确性，一般采取切分圆的方法，用1/8、3/8 等来表示旋转度（如图1-4）。

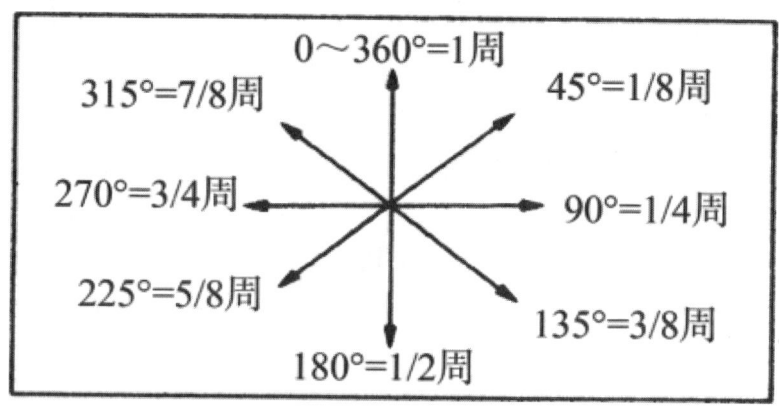

图1-4

3. 舞蹈动作

在体育舞蹈中，经过提炼、创作、汇编的具有一定节奏、规律的动作即为舞蹈动作。舞蹈动作是体育舞蹈最基本的表现手段，也是构成体育舞蹈的基本单位。

4. 舞蹈组合

所谓舞蹈组合，指的是两个或多个舞蹈动作被组合起来所形成的一组新的动作。组合不仅包括最简单的、性质单纯的动作连接，同时也包括最复杂的各种不同性质的动作的组合。

5. 舞蹈语言

舞蹈语言是体育舞蹈思想与情感的一种表现，主要是以舞者动作和表情表现出来，它是从社会生活、人的情绪状态、自然现象中提炼加工而形成的，不仅包括舞者的肢体动作，同时还包含了舞者的思想情感。

6. 舞蹈语汇

在体育舞蹈中，将若干不同的舞蹈动作汇编在一起，并为表达体育舞蹈的主题服务，这就是体育舞蹈语言的总称。

7. 舞蹈表情

舞蹈表情是体育舞蹈所有动作的总称，在体育舞蹈中，舞者的任何肢体语言和动作形态都被包含在舞蹈表情之中，是舞者情感通过动作（面部表情、手臂传情、身体扭摆、足部移动等）的表现，主要用于表达舞蹈中的人物情绪、情感和心理活动。

8. 舞曲

舞曲是指以舞蹈节奏为基础所编写而成的器乐曲或声乐曲，一般分为专供伴舞的舞曲和不以伴舞为目的的舞曲。

9. 节拍和节奏

（1）节拍：指音乐中每一个小节的拍数。

（2）节奏：指按照一定的规律反复出现，赋予音乐不同性格的具有特色的节拍。

10. 韵律

韵律指的是在舞蹈动作中人体运用"欲左先右，欲纵先收"的自然规律，以及动与静、上与下、高与低、长与短等辩证的规律最终形成的舞蹈动作韵律。

11. 基训

基训指的是舞蹈基本能力（基本动作）的训练。

12. 主力腿和动力腿

（1）主力腿：在舞蹈动作过程中，或者形成动作姿势时，舞者支撑身体重心的一条腿，称为主力腿。

（2）动力腿：相对于主力腿而言，指的是非重心支撑的一条腿。动力腿与主力腿相互配合从而组成各种动作并保持身体的平衡。

13. 起泛儿

起泛儿是舞蹈的一种俗语，指的是动作之间的准备姿势，动作前的准备姿势也可以称作"起势"。

14. 造型

造型是舞蹈一种有效的表现手段，指的是出现在舞蹈动作流动的瞬间或者舞蹈组合结尾停顿时的动作。

（三）动作术语

具体来讲，体育舞蹈的动作术语主要包括以下几种。

1. 舞姿

（1）闭式舞姿：男女站立在相对位置。

（2）开式舞姿：开式舞姿也叫作侧行舞姿，男女并列侧行位置。男伴将头转向左侧，女伴将头转向右侧。

2. 准线

体育舞蹈的准线指的是舞者双脚及其方向与房间的一种关系线。

3. 舞步

（1）舞步：一只脚的一个动作。

（2）基本舞步：表达体育舞蹈的基调的步型，是固定不变的。

（3）舞步型：一套完整的体育舞蹈的舞步组合。

（4）擦步：在体育舞蹈中，舞者进行开位变化时，其动力脚与主力脚相靠，使身体重心保持不变的舞步。

（5）并步：也称为追步、追并步，指的是舞者双脚并合的舞步。在并步过程中，舞者将一脚向另一脚合并。

（6）实步：舞者承担身体重心的舞步。

（7）虚步：舞者不承担身体重心的舞步。

（8）虚点：用脚掌或者脚跟点地，不支撑身体重心的舞步。

（9）滑步：在第二步双脚并拢的三步组成的舞步。

（10）刷步：运动脚像刷子一样轻擦地面向重心脚靠近或并合，但是并不形成重心。

（11）锁步：两脚前后交叉，一脚的掌外侧与另一只脚的跟外侧相贴。前进与后退的锁步的运动脚分别锁在支撑脚的后面和前面。

（12）追步：第二步双脚并赶的三拍四步的舞步型。

（13）常步：包括前进常步与后退常步两种类型，其中前者是指男士开始时双脚并立，身体的重心落在任一脚上，当舞者的身体向前移动时，膝盖稍微弯曲，借助该力量使移动脚离开地面，支撑脚（重心脚）则平伏于地。然后，从胯摆荡腿部向前，使移动脚从脚跟触地经脚掌轻微地向前滑动直至脚掌稍微离开地面，之后进入脚尖触地的位置。后退常步指的是开始时双脚并立，将身体的重心落在任一脚上，支撑脚的膝盖稍微弯曲，由臀、胯摆荡腿部向后退，先是用脚尖着地，然后过渡到脚掌，最后是掌跟，这时身体的重心落在脚跟与脚掌之间。与此同时，前膝稍稍伸直但并不僵硬，后膝稍屈。之后继续将身体的重心转移到后脚，身体继续后移同时带动前脚向后脚靠近，缓缓降下后脚跟，当前足经过后脚旁边时，前脚的脚掌需要轻轻接触地面，这时候的后脚完全落到地面之上。

（14）踌躇步：表现前进暂受阻的舞步或组合。

（15）逗留步：身体运动或者旋转受阻时的部分舞步型是脚下短暂停止运行之后改变运行方向的舞步。一只脚做逗留步时，另一只脚或靠近或并合，但是身体的重心在此过程中保持不变。

（16）滑旋步：一只脚在反身动作位置中前进滑移后进行脚掌或脚尖旋转的舞步。运动脚在支撑脚定点旋转中做虚步滑移和旋转，并放置于支撑脚后旁。

（17）外侧舞步：在对方身体和脚的外侧运行的舞步。

（18）交叉步：双脚一前一后。在体育舞蹈中，同组舞者间一人脚步采用前交叉，则另一人的动作应与其相反。

（19）叉形步：又称拂步、扫步，可以左叉也可以右叉，在舞蹈过程中，男女舞者的动力脚应保持左右相反。

4.转

（1）正转：向右转动的舞步，也称自然转。

（2）反转：向左转动的舞步。

（3）轴转：舞者一只脚的脚掌旋转，另一只脚处于反身动作位置。

（4）跟转：这是轴转的另一种形式，也称跟轴转，是以重心脚脚跟为轴的一种旋转方式。另一只脚并于重心脚且与重心脚同转，但只是进行虚转。转动结束时如果重心上升，则常会落在虚转脚的脚尖或脚掌。

（5）脚跟转：指的是向后迈出的脚。通常来讲，在体育舞蹈中，舞者的动作过程相并的脚应与主力脚平行，旋转结束之后身体的重心应转移至动力脚上。

（6）脚跟轴转：单一脚跟进行旋转，身体的重心保持不变。

（7）撇转：一只脚脚掌或者脚尖弧线滑移后进行定点圆心的转动，从而使身体的重心在快速转动中下降的舞步。撇转时脚与膝边转边降。

5. 舞步线

在体育舞蹈中，一只脚一个动作的路线就是舞步线。

6. 平衡

平衡指的是舞蹈中身体重心的准确分配。

二、体育舞蹈的场地与服装

（一）体育舞蹈的场地

体育舞蹈的比赛规则：体育舞蹈比赛赛场的长度为 23 米，赛场长的两条边线称为 A 线；宽度为 15 米，赛场宽的两条边线称为 B 线。场地的地面应平整光滑。在比赛过程中，舞者的体育舞蹈套路与动作应根据场地的边线长短来确定。比赛时，所有的舞者都应沿着赛场的舞程线方向行进。

（二）体育舞蹈的服装

在体育舞蹈中，服饰能够反映出一个舞者的文化素质与审美情趣。从广义上讲，服饰指的是衣服及其装饰，要求其既要自然得体、协调大方，还应遵守体育舞蹈约定俗成的规范或者原则。舞者的着装不仅应与自身的具体条件相适应，同时还应注意赛场客观环境、场合的相关要求，要着重考虑时间、地点、目的这三项要素，并尽可能地与时间、地点、目的相一致。

社交舞是男女双人舞，对于服饰也有着相应的要求。参加社交舞会的人一般要做到衣冠整洁、服饰得体，具体的要求如下。

1. 男子：穿着端庄大方，颜色最好选择深色，以全套黑色礼服搭配白色衬衣与深色领带为宜。

2. 女子：衣着艳丽，不宜穿着旗袍、筒裙、西装裙等有碍舞蹈动作的服装，尽量选择连衣裙，也可以穿着晚礼服。女舞者的着装要求衣裙上身、腰部、衣袖应合身，从而方便做手臂动作，也可以很好地表现出女子特有的曲线美。

第二章　体育舞蹈美学本质

中国的哲学思想是以中庸谦和为主，将天人合一、物我两极推为至高；西方的基本态度则是物我对立。

在审美观上，西方重视客观认识，强调人为因素和量化微观；中国传统的审美观因西方文化的传入而发生改变，引起了审美欣赏方面的变化，对舞蹈产生了重大影响。如中国美学代表人物朱光潜不仅接受了康德的思想，还吸取了西方众多思想家的精华，强调艺术和审美的解放功能，指出艺术是人通往自由的唯一道路，人生的艺术化是通过人生的情趣化、超脱化、道德化和完满化来实现的。

在审美的过程中，西方更多注意的是立体思维，如康德颇具影响力的《判断力批判》中提出"审美判断力"的问题，表明审美心理机制呈现两种形态，一是美感，二是崇高感。中华民族是一个经验型的民族，在这种文化氛围中孕育出来的意识形态，都会有意无意地排斥和拒绝外来文化的侵扰。在审美的过程中，更多强调的是直观效果。

具体到舞蹈，西方强调体育舞蹈追求的是个体的表现力以及从个体身上发射出来的立体美，中国则强调舞蹈更多的是以整体的舞美效果出现，久而久之便形成了一种独具特色的文化现象。

西方美学一般是指从古希腊（公元前6世纪）至19世纪的德国古典美学，主要包括古希腊罗马美学、中世纪神秘主义美学、文艺复兴人文主义美学、17世纪新古典主义美学、18世纪启蒙主义美学和德国古典美学。

古希腊美学奠基人柏拉图第一次自觉地从哲学高度提出并试图回答"美是什么"的问题，认为美之为美完全在于美本身，即美的本质在于美的理念，但他并不反对美在于形式。

由于柏拉图对美的本质观念具有丰富性，所以后来西方美学家在论及美的本质时，实质上是对其思想的不同解读，在西方美学史上产生了巨大的影响。西方美学认为，美就是理念的感性显现，强调了美把感性与理性、内容与形式统一起来，肯定了美是具体的、可感知的。

第一节　从西方美学发展论体育舞蹈美的本质

一、西方美学史上关于美的本质问题的探讨

（一）从客观事物的本原上探讨美

从古希腊到中世纪，这种倾向居于上风。毕达哥拉斯学派对美的看法最为著名，认为宇宙的本原是"数"，数的比例和谐便是美。数学和神学的结合代表了古希腊到中世纪很多思想家学说的特征。柏拉图认为宇宙万物的本原是"理式"，事物分享了美的理式才有美。普洛丁认为物体美是由于分享了理式而美，这个理式来自神明，因此真、善、美统一于神。理式先存在于艺术家心里，赋予艺术媒介后产生艺术美。中世纪的奥古斯丁虽然承认感性美，但由事物外形而追根于"数"，由数溯源于上帝——绝对美之所在。19世纪法国有名的哲学家库申，坚持上帝是美的根源，物质美是外壳，智性美是"真"的光辉，道德美即"善"（正义、慈爱等），真、善、美统一于上帝。

（二）从客观事物的外部特征探讨美

亚里士多德认为美要依靠体积与安排，即体积要大小适中，材料安排要达到秩序、匀称与明确。15世纪著名的艺术家阿尔伯蒂把美定义为和谐与好的比例。达·芬奇也认为美感的根源在于事物本身、在各部分之间神圣的比例关系上。诗人塔索称美是自然的一种作品，事物具备了比例适当、颜色悦目的条件就会是美的。

（三）从主体人的身上探讨美的根据

斯宾诺莎是历史上第一次提出美的根据在人的观点，他认为外物接于眼帘，触动神经，能使人得舒适之感，便称该物为美，反之引起相反的感触的对象便是丑。休谟明确地指出快感和痛感构成美和丑的真正本质，美并不是事物本身里的一种性质，它存在于观赏者的心里，每个人心见出一种不同的美。

近代以来，审美尺度在于人身上这一观点已逐渐成为西方美学界的共识。这种共识超越了唯物主义与唯心主义、经验主义和唯理主义的对立，因而更见其基础的广泛性与牢固性。

二、从西方美学思想论体育舞蹈美的本质

体育舞蹈起源于西方，是随着西方文化与美学发展轨迹逐渐发展并形成的独特的体系，从西方美学思想来看，体育舞蹈美的本质符合西方美的本质与特征，并通过舞蹈符号与元素来充分体现。

（一）体育舞蹈是身体的体现，是身体美的表现

美的身体之所以美，是因为它是有益的。有学者从功利和审美两方面来研究身体美，如德谟克利特（古希腊唯物主义思想的重要代表人物）在公元前4世纪就认识到，身体美作为自然美来说，与社会美、精神美有密切联系。苏格拉底（古希腊哲学家）认为，从身体美到做事也要美，进而发展到有美的知识，虽然最终的极美是无标准的，但毕竟美是属于发展的体系。亚里士多德则直接把身体美与竞技紧密联系，提出青年的身体美是为了竞技和体力而追求身体的作用。

同样有不少学者强调身体的形式美，使对身体的审美评价具体起来。如盖仑（古希腊著名的医学家）在《医书》中认为，身体美确实在于各部分之间的比例对称。普洛提诺（古罗马新柏拉图派哲学家）认识到人体的形式美，从而触及身体美的重要特征，并提出具有生命和活的灵魂的美是更可爱的。圣·托马斯·阿奎那（欧洲中世纪末期意大利哲学家）在《神学大全》里提及，"美有完整、和谐、鲜明三个要素，人体美在于四肢五官端正匀称，再加上鲜明的色泽"。这个观点已注意到肤色等对于身体美的烘托效果。达·芬奇在《论绘画》中认为，人体的轮廓包围着构成身体美的各个成分，如同音乐中有节奏的和声。

此外，塔索（文艺复兴时期的意大利诗人）还提出身体美有一定的稳定性，美是自然的一种作品，因为美在于四肢五官具有一定的比例，加上适当的身材和美好悦目的色泽。在西方美学史上产生过极大影响的黑格尔也曾对身体的美有过精辟的论述，他在《自然哲学》中指出，身体形态的对称不仅有骨骼、肌肉、五官，还包括感觉神经和运动神经。叔本华在《意志及表象之世界》中论及，"优美必须假定四肢之左右匀称、修短合度为其先决条件，人体美是一种客观的表现"。费尔巴哈指明了艺术所表现的人体美与现实中身体美的关系。车尔尼雪夫斯基（俄国革命民主主义者）在《艺术与现实的审美关系》中提出，没有一个美的特征不是表现着旺盛的健康和均衡的体格，人们审美观有鲜明的阶级性，对身体美的不同认识也有其社会根源。

从这些西方经典的论述中可以得出结论：体育舞蹈是身体的体现，是身体美的表现，其身体美首先是具有自然美和精神美的特性，同时也包括身体的形式美，如匀称、对称、协调、稳定、均衡和肤色等。

（二）体育舞蹈是和谐的体现，是和谐美的表现

文艺复兴时期（14—16世纪）的人文主义者关于美的理论是在反对中世纪神学美论过程中产生和发展的，它反对以神为本的美论，张扬以人为本的美论例。人文主义者一般认为美在自然事物之中，美与比例、和谐、光泽等事物的属性密切相关。如阿尔伯蒂认为，建筑美有三个要素，即数、完整性和布局；达·芬奇认为，美是和谐的固定形式；塔索认为，美是自然的一种作品；阿尼奥洛·菲伦佐拉认为，美是自然有序的和谐。

体育舞蹈是舞蹈艺术与体育运动的融合，心灵美与身体美的和谐统一，只有这样才能使体育舞蹈运动美的境界得到充分诠释。因此，体育舞蹈是和谐的体现，是和谐美的表现。

（三）体育舞蹈是真、善、美的体现，是道德美的表现

美，不是孤立自在的东西；美的特殊本质，表现在它与真和善的相互联系与相互区别之中；美的创造与欣赏在社会生活中的特殊作用，更是与真和善密不可分地联系着的。苏格拉底认为美与善是一致的，美就是符合某种目的的东西，突出了人类学的本体论和认识论。亚里士多德认为美善统一，美的主要形

式在"秩序、匀称与明确",即"整一"。新柏拉图主义的创立者普洛丁认为"理念"即神,是真、善、美的统一体和本原,由于神不断地把美"放射"(流溢)出来,所有自然事物才有了美,心灵是最接近神的,所以心灵的美高于事物的美,艺术之所以美,也是由于心灵赋予它以理念,艺术家在进入创作之前,美早已先验地构成。

美与真有着密不可分的联系,但真并不就是美。美不是客观规律本身,而是运用客观规律以改造世界的人的能动创造实践活动的实现。真作为客观世界的规律性和科学认识的对象,它自身无所谓美丑。只有当客观规律不仅为人所认识,且被运用于人改造世界的实践活动,它的感性具体存在形式成为人的能动创造的活动所必须掌握的东西,并成为对这种活动的肯定的时候,真才具有了美的意义。

美以善为前提,并且归根到底应符合和服从于善,实现了善,才可能有美的存在。善是人的实践活动或客观对象、事物与一定社会阶级的目的相一致;美则是在实践活动过程中或结果上所表现出来的对人改造世界能动的创造性、智慧、才能和力量的现实肯定。

康德认为,美不属于实践理性(意志)的道德领域,而只是从认识过渡到道德的中介因素和环节,美最多也只是道德的象征。因此,体育舞蹈的美是与真、善紧密联系在一起,是道德美的表现。

(四)体育舞蹈是感觉的体现,是情感美的表现

人天生具有辨别美丑善恶的能力,即内在的感官、内在的眼睛、内在节拍感。美离不开人的认识,凡是在艺术作品中发现为美的东西,并不是直接由眼睛发现,而是由想象力通过眼睛去发现的。

霍布斯根据培根一切知识求之于感官的原则,把美视为内心的感觉,不过这种感觉是由物体或现象的某些客观特征总和引起的。伏尔泰把美看作是与人的情感、认识密切相关的。

鲍姆加登把美学放在认识论的范围内,认为美学是感性认识的科学,美是感性认识的完善。约翰·格奥尔格则把美与审美趣味在认识基础上统一起来。赫尔德则要求从客观方面研究美,美是真的感性现象,美是感觉基础,美必须

由人的感觉来感受，而这种感觉是由思维引导和伴随着的，因而是一种"双重反思"。黑格尔把美定义为"理念的感性显现"，美是感性与理性、形式与内容、客体与主体、客观与主观的统一。

西方美学注重感觉与想象，而感觉与想象是体育舞蹈创作的灵感之源，是舞蹈升华的演绎方式。选手通过良好的情感表达展现出优美的动作，带给观赏者以美的享受。因此，体育舞蹈是感觉的体现，是情感美的表现。

第二节　从中国美学思想论体育舞蹈美的本质

体育舞蹈审美内容是指体育舞蹈审美的内在要素总和。它主要是由身体美、运动美和精神美以及各自的表现形式组成。体育舞蹈的审美内容是指身体美、运动美、精神美，体育舞蹈审美内容是把运动员的思想感情和意志通过体育舞蹈动作而表现出来的一种特殊的艺术，体育舞蹈运动对人的健康体魄的美的创造过程，是人的本质力量的感性显现。

一、中国美学史上关于美的探讨

（一）在道德评价中论美

孔子提倡"尊五美"，即"惠而不费，劳而不怨，欲而不贪，泰而不骄，威而不猛"，明显指的是五种德行。孟子提出"充实之谓美，充实而有光辉之谓大"（《孟子·尽心上》）。所谓"充实"是指道德修养的充实。荀子称"君子知夫不全不粹之不足以为美"（《劝学》），"全"与"粹"都由道德修养形成。早于孔、孟的伍举就曾指出："夫美也者，上下、内外、大小、远近皆无害焉，故曰美。"伍举否定了以声色娱人的东西为美，将政治和伦理道德上的善说成美。

（二）在人物品藻中论美

对人格的品评，先秦即为人们所注意，如孔子将人的气质分为"狂""狷""中行"三类（《论语·子路》）。

（三）在艺术的创造与欣赏中论美

中国美学竟是出发于"人物品藻"之美学。美的概念、范畴、形容词，发源于人格美的评赏。中国艺术和文学批评的名著，谢赫的《画品》，袁昂、庚肩吾的《画品》，钟嵘的《诗品》，刘勰的《文心雕龙》都产生在品藻人物的空气中。

形神是考查整体人格的尺度，形是形体，神是精神。中国古代美学的主导观念是讲求形神兼备。气与韵是一对矛盾范畴，其统一体就是"神"。气韵是表现艺术风格美的两维：气胜为阳刚之美，韵胜为阴柔之美。

二、从中国美学思想论体育舞蹈美的本质

中国传统审美方式呈现百花齐放、百家争鸣的格局，有道家、禅宗的自然美，有以孔子、屈原、司马迁等为代表的审美取向。中国美学是一种在主客的区分中寻求统一、交融的思维方式，其审美追求天人合一，融生活世界、外在世界与审美境界为一体，形成深远悠长的艺术境界。

舞蹈具有民族性，越是民族化的舞蹈，越能步入国际舞坛。体育舞蹈的各个舞种起源于世界各国。国际上没有一种统一的语言，而体育舞蹈却是一种国际上通用的"形体语言"，是国际统一标准的舞蹈。

中国舞蹈是中国传统文化的体现，而体育舞蹈作为外来文化自西方传入中国后，通过与中国传统文化的融合，吸收和借鉴中国舞蹈的诸多元素，逐步形成了具有中国文化元素的特色艺术。

（一）体育舞蹈是"形神"的艺术

中华民族传统艺术如绘画、文学、诗歌等，都强调神韵。所谓"神韵"就是人物的精神气质，人物内心世界的表现。盖叫天认为，神是一个人的灵魂，这种情主要是从一个人的眼睛中表现出来的。所谓"天凭日月，人凭眼""一身之戏在于脸，一脸之戏在于眼""眼大无神，庙里泥人""要能传神，才是活人"等说法都足以证明人物活动的神韵借助眼睛来表达。

民间舞蹈是通过形体动作来塑造人物形象的，以肢体动作来传情，达到形神兼备、生动活泼的效果。体育舞蹈吸取了民间舞蹈的艺术要素，同样以肢体

语言传达美，塑造美的形象，它既展现矫健优美的动作，又展示着艺术动作独特诱人的韵味感。

体育舞蹈艺术的特征是以人体动作作为表情达意、体现生命意识的手段，前者是魂，后者是体，魂依附于体，体展现魂。在体育舞蹈训练、表演及比赛中，男女舞伴用心灵共舞，通过眼神交流、肢体动作的引导配合，把细腻的情感注入其形体动作之中，塑造出形神兼备的美的形象，达到"以体传情，形神兼备"的效果，这正是舞者对舞蹈本身发于情、形于体、传于神的完美诠释。

（二）体育舞蹈是"圆"的艺术

中国哲学自始至终都讲究圆的存在，宇宙的天圆地方、处世的中庸之道、行事的世故圆滑等无不体现圆的艺术与哲学。圆是中国舞蹈的基本元素之一，是动作与动作之间的变化与联系，要流动自如、浑然一体，不要有棱角。如汉砖画上的舞俑、敦煌壁画中的舞姿，明清戏曲舞蹈的身段、民间舞蹈的走场、太极拳的走圈等都明显地展现了"圆"的形态。"圆"的形态造就了一种"行云流水"的意境与神韵，展现了人体在时空中的流连绵延。

中国舞蹈学理论中阐述人体运动的圆，从表现上分两种流程，即平圆与立圆，从形式上分为形圆与线圆。体育舞蹈运动中选手主要运用三圆，即平圆、立圆与八字圆。选手绕舞程线逆时针循环运动、舞伴旋转换向等都展示了体育舞蹈圆的艺术特性，体现了体育舞蹈动态的灵活与生动的审美意蕴，是民族特色在舞蹈形体运动中的高度反映。

体育舞蹈具有圆与曲的特点，注重两轴三面：颈、腰为两轴；头部、上身、下身为三面。选手体态的基本特征为曲线，或仰俯或旋扭。圆与曲是体育舞蹈的基本形态特征，是体育舞蹈中国元素的基本审美形态。

（三）体育舞蹈是"线与点"的艺术

舞蹈是"动"的艺术，追求舞蹈构图。舞蹈构图是舞蹈表演在一定空间与时间内，对形、线等各个方面关系的合理布局，包括舞蹈队形的变化形成的图案和静态造型形成的画面。构图是形式美法则的运用，对表现主题、创造意境、渲染气氛和形象塑造均具有重要意义。上述三要素不是孤立的，而是以人物内在情绪和心灵贯穿起来，构成有机的艺术整体，从而实现"舞以宣情"的目的。

中国当代美学家把中华民族传统的造型艺术、表现艺术的美学特征归结为"重旋律、重感情的'线'的艺术"。

体育舞蹈运动恰好体现了"线的艺术"的特点。舞蹈要求每个动作造型在移动变化中显得结实有力、美观感人，需要用人体肌肉的能力来体现人的思想感情和美的线条。在线条上追求延伸与收放，各种动作的起落讲究干脆利落，如女舞蹈选手的体态曲线美、拉丁舞动作中身体的垂直、伦巴舞中手臂与身体的延伸等无不融入了独特的线条艺术。

体育舞蹈在体态线条方面崇尚流畅性、协调性、均衡性、规则性，舞姿构图上注重层次感、雕塑性、色彩对比等。体育舞蹈用舞蹈形态、色彩、感情、音乐等诉诸审美情感，表现技术能力的艺术创造，是舞蹈揭示美的非常重要的表现手段。因此，体育舞蹈选手身体线条、肌肉能力及技巧影响着技术水平和美感。

体育舞蹈的线点艺术同样体现动静结合的特征。体育舞蹈的动律点靠舞者身体线条在组合动作中构成律变和韵变，通过各种动与静的舞蹈组合赋予体育舞蹈以丰富的内涵，诠释体育舞蹈线与点的艺术美感。动作运行与停止之间，内心与外表之间，要"动中有静""静中有动""动静得宜"，静止处感情不断，运动处表演不爆等。动作的幅度、快慢、刚柔，节奏的强弱，方位的移动变化，舞台的画面等，均与动静、线点有密切关系。男女选手以身体为媒介，通过躯干和四肢的动作配合，按照丰富的动律、多变的节奏，造成点与线的移动及动与静的各种造型，塑造动静结合、刚柔并济、交相呼应的美，给观众独特的瞬间美、过程美、变化美和立体美的享受。

（四）体育舞蹈是"写实与写意"的艺术

中国民间舞蹈是以现实生活为基础，写意为手段，通过写意的艺术表演手法，让观众体会到舞蹈本身是渊源于现实生活，并非凭空捏造的。舞蹈是靠肢体动作来表达，而动作则来源于对人的各种生活或情感动作以及大自然各种运动形态的模拟，它是人类按照美的规律来建造的产物，是从模拟到表现，从写实到写意，从具体到抽象的演化、升华。在长期运用中，逐渐脱离了与生活的联系而具有独立的形式美价值。

舞蹈以高度虚拟化和程式化的动作来表达情感,但情感不是直露的、写实性的,而是含蓄的、写意性的。这种朦胧、宽泛的色彩使舞蹈艺术境界具有某种空灵感与不确定性,有利于人们在观赏舞蹈时拓展想象的空间,获得较大的审美愉悦。

体育舞蹈选手的动作是对现实生活动作及大自然运动形态的提炼、凝聚与升华。如选手的一伸一屈、一跳一跃、一颦一笑都突破了生活动作与表情的自然形态,如斗牛舞中的斗篷是通过程式化、虚拟化、节奏化的写意手法来表现斗牛运动的。

因此,体育舞蹈是写实与写意的表演艺术,它是靠程式化、虚拟化、节奏化和舞台上的"时空自由"的表演特征来完成的。

（五）体育舞蹈是"自然"的艺术

老子是道家美学的开创者,庄子则是道家美学的完成者,是整个道家美学的重要代表。庄子认为美的基本表现在于和谐。"人虽有知,无所用之""在乎莫之为而常自然"(《庄子·缮性》)认为美的根源就在造物自然而然,而人又任其自然,人们必须超越世俗的情趣和追求,做到无己、无功、无名,创造出一个虚静恬淡的境界。从美学上看,恰好是审美态度,它的根本特征是超功利的。

庄子美学、禅宗美学认为中国古典美学是超主客关系的美学,自然的世界是最美的。要想获得真正的"美",只有改变人自己主体的心意状态去与不变的自然客体相融,才是真正自由之道。

体育舞蹈是由属于文艺范畴的舞蹈演变而来的体育项目,它兼有文艺和体育的特点。在中国,很多舞者往往把体育舞蹈作为自然之道来对待,超出利害得失之上来进行训练、比赛和表演,从而获得精神上的愉快,其本质就是一种审美的愉快。因此,中国美学思想中认为自然是体育舞蹈重要的审美特征。

综上所述,本节内容立足于中西方关于美的本质所体现的体育舞蹈美的本质,以其共同点来探讨体育舞蹈审美形态及特征。其美的本质主要表现在通过体育舞蹈中身体、动作来展现。

第三节　国内外对体育舞蹈审美的归纳

对体育舞蹈的审美特征的研究，国内学者主要集中在以下几个方面。

一、从技术与舞蹈风格的角度

体育舞蹈选手的技术动作是经过长期艰苦训练和多次实践比赛而形成的。它要求舞者舒展挺拔，运动中要始终保持抬头、挺胸、收腹、立腰、肩平、膝放松、大腿和臀部夹紧上提的姿态。研究者主要从体育舞蹈选手的个体技术与舞蹈风格来探讨体育舞蹈的审美特征。如郭希《关于优秀体育舞蹈选手表现力的研究》，查建芳、孙小龙《如何培养高等院校体育舞蹈拉丁舞业余选手的艺术表现能力》等。

二、从选手的角度

体育舞蹈项目特点要求男女舞伴同步和谐共舞默契配合。研究者主要从运动员年龄、身高、形体、容貌、气质、风度、乐感、舞感、表现力以及相互配合与协调能力等方面来探讨体育舞蹈的审美特征。如孟昭鑫《体育舞蹈拉丁舞专业选手艺术表现能力研究》、吴东方《培养和提高优秀体育舞蹈运动员表现力的研究》等。

三、从体育文化的角度

体育是人类几千年发展过程中创造出来的宝贵的文化财富，而充满了时代精神和人生哲理的体育舞蹈更加丰富了体育活动的内涵与外延。研究者主要从体育文化的角度探讨体育舞蹈的审美特征，如乔秀梅、魏春生等。

四、从体育舞蹈的教学角度

舞蹈是通过教与学来传播与发展的，研究者主要从体育舞蹈的教学方面探讨了体育舞蹈的美学相关内容。如张泽金《试论体育舞蹈教学中的美育》、张俊杰《体育舞蹈教学审美模式的构建》、朱鹏屏《体育舞蹈教学中的美感训练》等。

国外学者主要集中在以下几个方面：体育舞蹈的技术（动作）美、体育舞蹈的套路，对于从体育舞蹈的美学本质系统地来探讨体育舞蹈的审美特征的研究目前尚未见。如维克托·西尔维斯特（Victor Silvester）《Modern ballroom dancing》主要研究体育舞蹈的步伐与套路的技术要领，英国亚历克斯摩尔"摩登舞"研究体育舞蹈相关步伐及组合动作等。

第三章 体育舞蹈审美形态

任何美的事物都包含有美的内容和形式，是两者和谐有机的统一体。形式美作为对美的形式的某些共同审美特征的理论概括，它来自于实践，具有美的事物，并通过内外形式表现出来。同时，形式美中所包括的构成美的事物外形物质材料的自然属性（色、形、音）以及它们的组合规律（整齐、比例、对称、均衡、反复、节奏、多样统一）等，都有较高的审美属性，由于不直接揭示具体内容，因而具有相对独立的审美价值，给人们以美的享受。体育舞蹈艺术比其他任何艺术都重视形式美，突显形体动作、舞台画面和时间形式中的五彩纷呈的形式美。

第一节 体育舞蹈的健康美

健康美是身体美的基础。人体的健康与壮美（指男子）、优美（指女子）虽然有着不同的含义，但却存在内在的联系，有人将前者比作形，后者比作影，形影相随。人的健康状态反映了人在大自然中生存的最自然、最本质的特征，因此，健康美是身体美的基础。达到健康美是体育运动，尤其是体育舞蹈的最基本目标。作为体育舞蹈运动最基本目标的健康美，主要包括身体的健康美、精神的健康美与行动的健康美。

一、身体的健康美

体育舞蹈身体的健康美是指选手身体结构的健康满足状态，也就是通过体育舞蹈锻炼而获得健康的身体形态、健康的内脏机能与健康的运动机能。

二、精神的健康美

体育舞蹈精神的健康美是指人性的健康美,即纯正、开朗、创造等丰富的情感,积极、努力和忍耐等坚强的意志,观察、思考、追求等高度的理性,爱护、体贴、合作等基本的道德等。这些是形成体育舞蹈运动中人的精神健康美的要素。

体育舞蹈的精神健康美主要表现为体育舞蹈选手的气质美。体育舞蹈与其他舞台舞蹈相比,要求颇高。它不但要求舞者具有纯熟的舞蹈技巧,并且还要求舞者兼备高雅的气质。美的气质的外在表现形式是健康挺拔的形体、良好的修养和心态、礼貌得体的言谈举止。体育舞蹈中运动员的舞姿舞步都展现出了舞者独到的气质。如摩登舞系列追求深邃的意境,典雅大方、端庄舒展的动作造型,其中快步舞以舞姿轻盈、动作飘逸、舞步精巧闻名;拉丁舞系列追求热情奔放,其中"拉丁之魂"伦巴舞以表现男女爱情著称,从选手的表情到肢体语言都流露出男女间炽热的爱情。

三、行动的健康美

体育舞蹈行动的健康美是指以人的社会性为基础的人的行动的健康美,也就是指爽朗、正确、有秩序等这些行动的健康美。在表演和比赛场中,男选手与女选手不论在动作上还是神态方面,都要求高雅并符合美的宗旨。当身着燕尾服、颈系白领结、风度翩翩的男士手挽女士邀舞时,温文尔雅、彬彬有礼,当女士身穿晚礼长裙,款款行走或低首屈膝致礼时,散发出优雅柔媚的内在气质,充分展示行动的健康美。

第二节 体育舞蹈的身体美

一、体育舞蹈身体美的主要内容

身体美是由机体良好的生理和心理状态综合显示出的健康之美,是生命灌注之美。人的身体是有生命的活体,它能显示出自然结构的美,主要表现在人体外部匀称而协调的体态、形状方面，所以有时也将身体美狭义地理解为形体美。黑格尔在《美学》中强调："比起动物来，人的身体却属于较高的一级。因为人体到处都显出人是一种受到生气灌注的能感觉的整体。"

体育舞蹈的身体美首先指选手表面形态的美，其次包括人体骨骼、肌肉、皮肤、毛发等层次与细部，并涉及音容笑貌、服装饰物等与表现身体美有关的其他方面。

体育舞蹈身体美是指体育舞蹈运动员健康的身体所呈现的美，它是由机体良好的生理和心理状态综合显示出的健康之美。在体育舞蹈运动过程中所表现出的身体美通过人的形体和身体素质展现出来，其中包括体型、容颜、运动服饰、姿态、线条、柔韧、协调、力量等一系列审美要素。

在这一部分的调查中，体育舞蹈运动员认为排在前3位的是线条美、体型美和姿态美，分别占65.69%、61.62%、45.93%；教练员认为是体型美、姿态美和线条美，占60.71%、57.14%、39.28%。这说明，体育舞蹈身体美内容离不开身体素质美和形体美。选择容颜美和服饰美的大多为女性，这是因为容颜美和服饰美在女运动员的装扮中起着重要的作用。在体育舞蹈中展现了充盈着生命力的身体美，男运动员健壮有力、修长稳健的体态和女运动员匀称有致、曲线优美的形体造成了阳刚之躯与阴柔之体的区别与协调，使之在对比中显示出绝妙的和谐统一，在统一中又强调着各自的显著特点，形成了一个直观而完整的富有健康美的人体。

（一）形体

形体即身体的形态或体态。形体美主要指身体表面令人悦目的形状和优美的姿态。它在身体美的表现中起着举足轻重的作用。狭义地理解，形体美往往可用来代表身体美。体育舞蹈中的健康之美主要表现在运动者的人体形态上。黑格尔在《美学》中认为，人体由于种族差异而在较小程度上分裂为不同等级的美的形体构造。

经常进行体育舞蹈运动，对身体美的比例均衡会产生积极的影响。使男士增加胸背部肌肉的体积，消除腰腹间沉积的多余脂肪，使女性胸、臀部丰满而富于曲线美。体育舞蹈形体美是指体育舞蹈运动员身体表面令人悦目的形状和优美的姿态，形体美在身体美的表现中起着举足轻重的作用，主要体现在以下五个方面的内容。

1. 体型美

体型即身体结构的类型。体型的美丑主要是遗传因素和环境、饮食影响身体骨骼比例关系、脂肪积蓄多少和肌肉发育程度所决定的。因此，不是一成不变的，体育舞蹈运动可以调整和塑造优美的体型。莱辛曾说过这样一句话："身体美产生于一眼就能够全面看到的各个部分协调的结果。"一个协调的体型会给人两种感觉：竖看有直立感，横看有开阔感。体育舞蹈追求的是形体结构的完美与追求黄金分割这一美学原则，古希腊著名的黄金分割提出美的比例是 1∶1.618，即整体与最大部分之比等于最大部分与最小部分之比。这种比例关系同样适用于人体，如人体从肚脐分界，如果下半身大，人体就显得美；如果双手垂直，中指尖到头部分大，则形体就美。还有一个"头身比例法"，指人头与身体的比例是 1/8，就显得美；文艺复兴时期的达·芬奇又进一步提出肩宽是身高的 1/4。双臂平伸等于身长，两腋宽度等于臀宽，乳部与肩胛骨处于一个平面，大腿正面厚度等于脸宽，人跪姿时高度减少 1/4，卧倒只剩 1/9，这些也被作为"国际标准"的审美坐标。人体的比例关系是千百年来正常人体所表现的一种习惯的典型美。体型的改善也是体育舞蹈美的一个长期任务。体育舞蹈选手身型美体现体型的匀称与协调，体型的匀称和协调可以说是体育舞蹈运动员的基础美，给人一种连贯流畅的美感——姿态美。培根说："相貌的美高于色泽的美，而秀雅合适的姿态动作的美又高于相貌的美。"体育舞蹈的形体美主要体现在运动员的姿态上。体育舞蹈运动员在进行体育舞蹈专业训练前辅以芭蕾形体训练，这是为了保证运动员从站立的姿态到舞蹈的姿态都力求一个良好的风范。体育舞蹈的姿态美强调了在运动过程中动作的优美与舒展，优美的站、行、抬头、挺胸、立腰、收腹，端正的舞蹈姿态和灵活的肢体动作给人以健美敏捷的印象，在表演和比赛中给裁判和观众美的观感。体育舞蹈的动作与中华舞蹈的迥异的一大特征在于它不像中华舞蹈一样讲究"圆曲拧含"的柔美，它注重表现人体健美的特点，其外向、直线型的舞蹈动作适于展示优美的人体线条。由于体育舞蹈两大系列舞种风格各异，运动员所表现出的运动姿态不尽相同，但总的来说，在拉丁舞中强调运动员的姿态，讲究身体脊柱的垂直，人体重心平稳，以达到躯干的挺拔、四肢的伸展；摩登舞中的运动姿态则强调收腹提臀、挺胸立腰，姿态高贵优雅，以表现出良好的风范。

2. 线条美

体育舞蹈的基础训练，包括收紧肌肉、绷直大腿，通过胯部转动等训练，可以刺激骨骼生长。在习舞的过程中，可以锻炼松弛萎缩的肌肉，展现人体的曲线美，上肢则要求有细线条而多变的结构，下肢要求有细线条而稳重的结构。具体来说，拉丁舞中的女运动员身材通常凹凸有致，热辣动人；摩登舞中的女运动员展示了优美舒展、圆滑流畅的肩背部线条，带给人典雅大方的观感。男女运动员身体的曲线美又有所不同，女子的曲线是柔美连贯的，呈"S"形，整体起伏，局部则是平滑流畅的；男运动员的线条是粗犷刚劲的，侧重于肌肉块的隐现显示出的力量。女子的四肢明快近于直线，而男子的四肢、关节和肌肉部位有明显的对比。总之，女子的曲线要显示出柔润之美，男子的曲线要展示健壮之美。因此，男运动员则注重展现出具有男性强健的体魄和力量美。体育舞蹈练习者在进行体育舞蹈动作训练时，都会注重调整身体重心，拉长身体肌肉，控制身体平衡。

3. 容颜美

容颜美主要是指运动员的音容笑貌。它主要包括面容美、眼睛美、笑容美和毛发美。容颜美在各个年龄段的体育舞蹈运动员身上的表现稍有不同。少年体育舞蹈运动员的容颜美主要表现为自然、大方、青春朝气的神情和姿态，而成年运动员，则更注意容颜的修饰。调查中发现，我国运动员在化妆上追求西方人棱角分明的脸部线条和深邃立体的眼睛，化妆技巧主要体现在体育舞蹈的女运动员身上。值得注意的是，在女运动员的化妆方面，要避免在化妆技巧上盲目模仿，有的女运动员本来天生丽质，但她们在化妆时总是一味追求西方人棱角分明的脸部线条和深邃的欧式眼睛，而忽略展示东方女性特有的美。

体育舞蹈源自拉丁美洲，因此运动员为了最大限度地重现拉丁美洲的舞蹈风格，通常男女选手都会在身体表面包括脸庞涂上深色的棕油，以显示出棕黑色或古铜色的肤色，让自己的五官更具有立体感，这种肤色令他们显得具有更好的身体线条，更性感。在容颜美中，毛发也发挥着不可忽视的作用，夸张卷曲的假睫毛、描黑加长符合运动员个人妆容的眉毛等，而毛发中最引人注目的就是发型。发型也是舞者比赛中制胜的武器之一，其可塑性很强，运动员的发型不仅要讲究美观,还要适宜运动。在体育舞蹈中,女选手通常选择将长发束起,以免散乱的头发在运动中遮挡视线,男运动员的妆容就比较好处理,他们不需要像女运动员那样浓妆艳抹,只需要在脸部和发型做适当的修饰,使其更为整洁利落,凸显男士英武之气,运动员以得体的妆容和精致的面目出现在赛场,也是体现运动员良好的品位和气质的必备法宝。

4. 运动服饰美

运动服饰美是指体育舞蹈运动员身体着装之美。体育舞蹈服饰款式简洁、色彩丰富,是体育舞蹈文化的一种表现形式。运动服饰是以运动员为对象的一种包装艺术,它能反映出人们各自不同的精神风貌。调查显示,注重运动服饰美的主要为女运动员,这是因为女运动员对服饰和色彩等外在要素更为敏感,女运动员的服装样式选择较多。体育舞蹈运动员的服装设计讲究线条与比例、雍容与华贵。在摩登舞比赛中,男运动员身着燕尾服,女运动员身着晚礼服,以表现文雅端庄、稳重矜持的造型风格;拉丁舞服饰则大多紧身、合体,注意造型的变化,显示出健康、美丽的人体,女运动员服装突出曲线美及大腿美,腰臀部位服饰应特别合体,以突出臀线美,以显露人体的优美体态,男运动员的服饰要使男子显示雄健力量美,突出潇洒、健壮,所以男运动员上衣敞开以显示出健力美,使之更具魅力。除了合体的上衣,体育舞蹈运动员通常会穿戴与其风格相匹配的配饰,以突出舞蹈风格的不同。女运动员脚蹬 7 厘米左右的专业舞蹈用鞋参加比赛,它有非常好的触地能力和摩擦力,适合绷直脚背,有一定高度的鞋跟也是为了展示腿部线条,弥补女子由于生理上重心偏低而造成形体比例的不足,让运动员形成线条匀称、挺拔优美的形态。

体育舞蹈的服饰注重色彩的丰富。马克思说:"色彩的感觉是一般美感中最大众化的形式。"西方文化崇尚自由、奔放,追求个性,在体育舞蹈的服饰上,其色彩往往选择明艳欢快的,多具有视觉冲击力以及情感表现力表达一定情感的特性,其运动服饰通常借助色彩来表达运动员的情感。如在桑巴舞、恰恰舞、探戈舞等鼓点强烈、节奏强劲的舞蹈表演中,男女运动员的服饰多采用对比强烈的色彩组合,起到相互衬托的作用;而在伦巴舞、华尔兹舞、狐步舞等相对舒缓柔和的舞蹈表演中,男女运动员所选取的服装通常以素色为主,给人柔和平静的感观,与其舞蹈风格相得益彰。色彩不同,使人诱发的联想不同。

服装颜色的合理运用可以诱发激情、引导适宜情绪,并能更好地显示视觉效果。随着人类的进化和社会的发展,运动服饰作为愉悦性审美需要的修饰因素作用增强,在国际体育舞蹈这项艺术性高、技术性强的运动中,运动员服饰在艺术化的体育项目中的地位日益重要。

(二)体型

体型即人类身体结构的类型,体型主要取决于骨骼的组成与肌肉的状态和机能,因此,体型不是一成不变的。体型的分类有许多方案,法国学者西歌德(Sigaud)将人体分为四种类型,即脑型、呼吸型、消化型和肌肉型。

端正、均匀、协调的健壮体型能给人带来愉快的美感。体育舞蹈选手体型应综合考虑脂肪堆积、肌肉发育、身体比例、背脊形态、胸廓与腹部的形状等特征,如四肢骨骼的长短粗细应有一定比例,胸廓的左右对称等。体型的改善既是体育舞蹈的目的之一,也是体育舞蹈美学的长远任务。

(三)骨骼

体型的美丑与骨骼有重要关系,身体的比例几乎都是由骨骼的形成状况所决定的。人体的骨骼以脊柱为轴,左右基本对称,呈现出平衡的形式美。

人类特殊的骨骼构造,使身体美不同于自然界任何其他生物躯体所显现的自然美。在完成体育舞蹈各类动作时,都要无意识地调节重心,以便使身体稳定。控制身体平衡要靠肌肉,如拉丁舞中强调身体垂直、重心踩实等。缺乏专业系统的舞蹈化训练,选手在动作过程中将会产生肌肉无力的现象,表现出因缺乏控制造成难看的身体姿态。

(四)肌肉

肌肉约占人体体重的40%,发达而富有弹性的肌肉是构成身体曲线美的基础。人的身体比例受先天遗传因素影响相对固定,而身体形态却可随肌肉体积大小变化而变化。肌肉大多附于骨骼上,隐藏在皮肤下和谐运动,给人以美感。赫拉克利特认为,看不见的和谐比看得见的和谐更好。

身体形态美与肌肉的均衡丰满关系密切,三角肌发达使肩膀宽阔,胸大肌发达使胸廓丰隆,背阔肌发达使腰腹挺拔,腹肌发达使肚腹扁平,女性肌肉线条更有助于曲线美等。

（五）皮肤

覆盖于身体表面的皮肤层也能显示美。车尔尼雪夫斯基认为再好的绘画颜色都不足以表现肤色的自然美，人体通过皮肤焕发光彩，赋予人类的美以百般的魅力，构成皮肤美的三要素是颜色、光泽和洁净。在体育舞蹈运动中，通常在皮肤表面擦拭黑油来显现皮肤的光泽度，因此，体育舞蹈选手柔软、细腻、富有弹性和光洁感的皮肤，是身体美重要的组成部分。

（六）毛发

毛发集中在头部这一视觉最易感受的显著位置，因此毛发在身体美中所占的地位是不可忽略的。荷迎兹在《美的分析》中谈到"错杂产生美"的原则时，曾以线条变化的头发举例，以头发本身论，最可爱的是下垂的卷发。

体育舞蹈选手的发型要强调动中美，发型要适宜运动。女选手的发型更多样化，一般是盘发，也可采用多层次的卷曲波纹发式或各种颜色各异的假发来增加美感。男士头发油光可鉴，整齐大方，显示出与人体线条融合在一起的韵律。

（七）身体素质

身体机能中最能体现身体美的是身体素质，即人体活动显示出的力量、速度、耐力、灵敏及柔韧性等能力。美国学者桑塔耶纳在《美感》中认为，人体的一切机能都对美感有贡献，甚至呼吸都和情感变化有密切联系。在体育舞蹈运动时肌肉收缩的能力表现出强大生命力的美：选手身体快速运动的能力，在空间形式上表现出速度美；选手骨骼关节、韧带、肌肉及皮肤等的伸展性带来的身体曲线的变化，表现出柔和、轻松的柔韧美；选手在紧急情况下的反应，常给人带来惊奇和赞叹的愉快情绪。因此，良好的素质能充分地显示身体的动态美。

身体美的内容是丰富而有层次的，除上述因素外，还需要涉及身体的细部问题。丹纳认为，一切肉体活动的能力，都认为是有益的特征，即体力、骨骼、四肢。体育舞蹈身体素质美主要是指体育舞蹈运动员活动显示出的力量、速度、耐力、灵敏及柔韧性等能力，体育舞蹈比赛对运动员的各项身体素质有极高的要求，如体育舞蹈十项全能比赛，运动员要不间断地进行十个舞种的展示，要求运动员要具有良好的耐力素质以充分地显示出身体的坚毅美。在体育舞蹈运动中的身体素质训练里，通过运动员的爆发力、速度及其肌肉的控制力，来完成托举和旋转等舞蹈技巧，表现出运动员强大的生命力之美。

体育舞蹈的竞技性还体现在它的速度上。拉丁舞蹈中伦巴的节奏一般为 27～32 小节，恰恰每分钟为 30～35 小节，桑巴舞每分钟为 40～52 小节，而斗牛舞的音乐节奏则为 60～67 小节。这意味着在一分钟内，运动员要准确快速地完成大约 40 个舞蹈动作和造型，强劲的快节奏运动要求选手具备良好的快速运动能力，包括身体在紧急情况下的反应所能表现的灵敏美（机智美），常给人带来惊奇、赞叹和意想不到的愉快情绪。在保持速度的前提下完成合理优美的动作，展示良好的运动姿势，这也赋予了人们振奋、昂扬、积极的情感体验。在体育舞蹈中，柔美的表现也是较为突出的。运动员人体骨骼关节、韧带、肌腱及皮肤等的伸展性带来的身体曲线的变化，能表现柔和、轻松的柔韧美。拉丁舞里的五个舞种对身体各部位的柔韧性都提出了要求，伦巴舞基本步的律动是通过脚掌对地板的挤压，使其力量波浪般顺序传达到膝盖、腰胯、胸、腰，它更注重全身的协调用力；桑巴舞的弹动则对膝盖和脚踝以及腰胯的柔韧性有特别的要求等；在摩登舞中，运动员良好的柔韧性则加大了运动员各种转度的幅度，各种反身动作可以使运动员动作舒展自然，体育舞蹈成套动作的连贯一致，也使在各个动作的衔接上轻松严谨而不呆板僵硬，它还同时体现着协调和力量等身体素质带来的美感。

二、身体美的标准

莱辛在《拉奥孔》中认为，最高的物体美只有在人身上才存在，而在人身上也只有靠理想才存在。千百年来，追求理想的身体美模式在不同时代、不同民族有形形色色的标准。

脚掌是表现身体美的艺术创作的基本尺度。如雕刻师用脚掌的长度来确定雕像的尺寸。维特鲁威（古罗马著名建筑师）记述，人体塑造成相当于脚掌六倍长的高度。毕达哥拉斯按照脚掌的尺寸确定了赫拉克勒斯的身材。

普列汉诺夫认为绝对美的标准是不存在的，并且不可能存在，只能寻找适合不同民族、不同时期的形体美标准。美的概念在历史的发展过程中无疑在变化着，如我国古代战国时期，"楚王好细腰，宫中多饿死"，楚王以细腰为美，而唐代妇女则以胖为美。

形体美含有许多因素，但人体比例关系最为重要。从人体比例关系出发，许多美学家、画家与雕塑家等通过研究，提出了各种标准，以黄金分割律最为流行。黄金分割是事物各部分之间的比例关系，即 1/1.618 或 0.618/1，是从数学原理中提出的一个形式美法则。一般说来，按此 0.618 比例组成的任何事物都会表现出其内部关系的和谐与均衡。0.618 比例，以严格的比例性、艺术性、和谐性，蕴藏着丰富的美学价值。黄金分割律作为一种重要的形式美法则，成为世代相传的审美经典规律。

古希腊雕塑家创作的维纳斯女神像被推崇为形体美的典型，雕像整体长 215cm，胸围 121cm，腰围 97cm，臀围 129cm。从头顶至肚脐的长度与肚脐至脚底的高度比十分接近黄金分割律，似乎真有"增一分则太长，减一分则太短"的味道，因此，黄金分割率成为人体美的最佳比例。

第三节　体育舞蹈是身体艺术的极致

身体艺术从实践层面上是以身体为美化、改造对象，使之趋于美的理念的艺术，从精神层面上是以身体为表达媒介和表现对象的艺术，如静态的人体雕塑绘画工艺作品和动态的舞蹈及表演艺术等。在语言文字产生前，身体就是众多生命体的唯一表达媒介，身体语言在自然表达中逐步丰富，身体因此获得了强大的表现力。

从逻辑推演和考古发现（史前岩画的舞蹈场景和陶器舞蹈纹）来看，舞蹈是最古老的艺术之一，在原始社会的生活和原始宗教中有着无与伦比的重要地位。舞蹈艺术在前语言时代已达高峰，在原始社会阶段其主要艺术形式表现在巫舞和带有经验传递及叙事性质的舞蹈；阶级社会后，礼舞、军舞、乐舞和专业表演舞蹈成为主流。原野舞蹈和宫廷舞蹈的分化，标志着身体艺术由群体性到个体性、由规范性到艺术性的转变。

体育舞蹈把身体语言发挥到了极致，是身体艺术的极致，手腕臂肩、足腿膝胯、背胸腹臀、颈头目面甚至口耳鼻舌，均获得强劲的表现力。体育舞蹈人体美表现在肉体和精神两个方面，两者和谐一致构成人体美的本质。

1. 人体是人类最早的语言载体

在原始群体生活，语言尚不健全，人类需要用形体和手势表达思想感情。在人类漫长的社会劳动和生活中，人的各种习惯动作反复出现，成为人们所理解、具有交往功能的语言形式，成为人体语言。语言文字形成以后，人体语言的运用不但没有消失，而且还具有更多新的含义，成为人们语言交流时的辅助动作。当语言难以表达时，借助形体动作更能表达得淋漓尽致。古希腊人认为舞蹈是最高层次的艺术，在雕塑、浮雕等艺术中，赋予所有神的姿态都是非常优美的舞蹈造型。体育舞蹈正是借助于丰富多彩的肢体动作来诠释情感及美感的。

2. 体育舞蹈动作是生命运动形式

人类动作是一种生命的运动形式，是生命的本质所在，也是一种人类表情，它负载着人本身内心体验与外部表现互相反馈的信息，是一座桥梁，沟通着审美对象与审美主体只可意会不可言传的微妙情感。美国心理学家阿尔伯特·梅拉比安指出人所得到的信息总量55%来自人体语言。人类在创造世界的同时也创造了自身的美，在发现万物的同时也发现了自身的魅力。法国雕塑家罗丹说："人体是心灵的镜子，最大的美就在于此。"人体动作属于人的情绪、智慧和精神状态，是努力追求有价值的目的和种种内心状态的结果。通过这些动态语言，人类理解生命，进行生命之间的交流，达成人与人之间的和谐，并建立起自我理解人类社会与外部自然界的基本经验。人体动作表达人的各种愿望、意图、期待、要求和情感，是一种信号和符号，但这只是一种生命动作而非艺术。

体育舞蹈同各类舞蹈一样，是人体协调动作的产物，是虚构的姿势，是活跃的意象。体育舞蹈运动美是指体育舞蹈运动员身体的运动之美。它是运动员在体育舞蹈中生命运动和思维运动的各种形式所产生的综合效应。调查中发现，我国运动员对体育舞蹈艺术风格较缺乏个人理解，其比赛和表演套路大多来自模仿国外选手或教练员的创编组合，影响了我国体育舞蹈竞技水平的发挥，亟待运动员加强与改进。

体育舞蹈中的运动美也是运动员在实践的目的性基础上认识、掌握体育舞蹈运动各种规律，不断改造、完善自身的造型过程，是合规律性与合目的性的统一。体育舞蹈运动员最看重的是技术美，占72.09%；其次是动静结合美、创新美、节奏美，分别占69.18%、51.16%、48.84%；而教练员按高低选项依次为：动静结合美、创新美、节奏美、风格美、技术美，分别占60.71%、57.14%、46.43%、32.14%、28.57%。调查显示，体育舞蹈运动员选择技术美的比例高于其他选项，这是因为体育舞蹈是一项有着规范技术体系的运动项目，且十个舞种具有不同的风格，各成体系，因此，初学者在学习体育舞蹈时，首先需要扎实的体育舞蹈基本功。而教练员选择动静结合美的比例则最高，在比赛和表演中合理运用姿态各异、富有特色的舞蹈造型，体现他们丰富的想象力，使表演更具有观赏性和感染力。

技术美指体育舞蹈的基本运动技术在运动过程中发挥的完美程度。体育舞蹈技术美是在完成动作过程中所能达到的最高技术规格，它必须符合力学原理和生理解剖条件。完成任何动作包括基本技术、基本动作、基本难度和高难度动作，把最合理、最优美、最高规格的动作做出来就是技术美的表现。它包括恰当流动的韵律要素，技术的力量与体育舞蹈运动员力量的要素，以及同技术内容相适应的要素。体育舞蹈的技术美有：其一，体育舞蹈各个舞种的动作均是高度风格化的动作，它的动作离不开卓绝且完美的技术，高质量的体育舞蹈动作是技术美的体现也是技术美的保证。其二，体育舞蹈技术必然符合力学原理和人体生理结构，简而言之，它就是经过艺术提炼、加工、修饰并赋予鲜明节奏感和韵律感的人体动作。在日常生活或者一般体育活动中，我们的身体动作路线总是遵循着最省时省力的原则，使用最有效的手段、最少量的时间，沿着最简短的路线。按照保罗·瓦莱丽的说法，实用的活动沿着一条直线，迅速而确凿地扑向一个集中的目标，攫取外在的对象，目的一旦达到，动作本身就消失或者被忘却。然而，体育舞蹈动作抛却了这些实用性、功利性，既不作为外在目的手段而存在，它打破了节省原则，也不局限于直线路线，相反，体育舞蹈动作必然要以自身为目的，对身体运动潜力进行充分开发。在体育舞蹈中，首要的动作技术是保持正确身体姿态的控制技术，还有身体重心快速而有节奏的弹动技术，然后是身体重心以抛物状和螺旋状运动技术，最后还有髋部与腰腹部强劲扭摆技术以及胸、背、肩部和手臂的律动技术，它的最终目标在于培养人体表现能力、塑造健美的形体。在《情感与形式》中,苏珊·朗格把舞蹈的身体语言定义为"虚幻的力的意象"。也就是说,所有的舞蹈表达都要借助视觉形象中的身体姿势与动作。作为舶来品的体育舞蹈沿承了西方舞蹈动作的组合原则,多为外向性动作,身体重心较高,尤其注重展现人体美,其套路动作规整性强、条块分明。体育舞蹈的动作奔放、自由、优美、高雅,它一部分吸收芭蕾和外国名剑舞的元素,在保持体现人的力量、灵活性和柔软性的基础上,注意动作的自然协调、姿态的优美高雅、肢体动作的柔软轻盈和造型的控制力。我们可以看到体育舞蹈里十支舞各自的动作特点,在以华尔兹舞、探戈舞、狐步舞、快步舞、维也纳华尔兹舞组成的摩登舞类中,运动员的上身多为摆动、萦绕和波浪形动作,舞步起伏滑动、轻盈流畅、迎风展翅等舞姿,华尔兹舞的流畅潇洒,探戈舞的刚劲顿挫,快步舞的欢快激扬,维也纳华尔兹舞的回旋舒展等,旋转、跳跃,充分展现出女性柔美的风韵和高贵典雅的气质。在拉丁舞的五个舞种中:伦巴舞要求人体重心的完全垂直,在髋部上下挤压所产生的胯部横摆动作来表现男女舞伴之间的情意绵绵;桑巴舞则力求在足部和膝盖放松弹动时所产生的弹动给人带来的热烈兴奋感;恰恰舞的基本动作是通过胯部挤压及转动所产生的稳定有力的舞步;斗牛舞的技术动作表现为强劲的踱步动作及快速地旋转及舞者英武、敏捷的舞蹈姿态;牛仔舞足部动作基本为三步,有时以跑跳形式出现,表现出的动作风格热烈诙谐。

虽然说单纯的舞蹈技术技巧的模仿不具有真正的艺术价值,但是人们在各类舞蹈表演和比赛中的审美标准都会着眼于运动员对身体语言的运用和高超的艺术表现技巧,而真正的体育舞蹈高手也对身体各个部分,腿、脚和舞伴的配合、舞蹈音乐、舞种风格演绎等技术的要求一丝不苟。如果单凭"猛"的劲、"强"的力,没有脚踩艺术性的推拉、大腿拧动的旋力、身体主动向前的推力、近乎"问答"式的舞伴间的引带跟随、节奏明了又不乏特色的音乐表达以及明晰的舞蹈风格演示,是算不上真正的体育舞蹈运动高手的。

3. 体育舞蹈秩序化、节奏化的人体动作

从物质存在形态而言,体育舞蹈美依附于表现性的人体运动美,即体育舞蹈美是人体运动创造的意象美或人性美。因此,体育舞蹈美欣赏的基点,就要立足于美的人体运动。

作为体育舞蹈艺术之物质媒介的表演者，其身体是要经过严格训练才具有较强表现能力的。当舞蹈者通过柔软的腰肢、轻捷的跳跃、急速的旋转、稳定的控制来创造超常的人体动态时，就会使人在一种超越现实的感觉中感受到一种理想的人体动态美。构成体育舞蹈美的物质媒介是人体，本身就是一种形式美，但体育舞蹈艺术对人体美的再现或表现，总是加以"动态"的强调，以区别于雕塑和绘画对人体的描述。"动态"意味着生机、鲜活、变化、丰富，包含着极其深刻的观念、欲望等社会内容。

体育舞蹈的动态是一种超越日常生活的人体动态，它同体育、武术、杂技、花样滑冰和体操等项目不同。因为在体育舞蹈运动中，人体的动态已成为人类情感和意识的基本符号形式，它所展现的人体动作美是通过程式化和虚拟化得以体现的。程式化使体育舞蹈稳定地传达出一定的情感意蕴，也有助于体育舞蹈风格的形成；虚拟化是以艺术假定为前提，它使体育舞蹈动作克服了再现的成分而成为表现性和感知性的动作。同时，体育舞蹈动作孕育在节奏之中，节奏的变化体现着人内心情感的波动。

体育舞蹈与有生命的人体打交道，它在外力和自身意志的作用下产生运动并占有空间与时间，给方向、幅度、速度、能量等带上了确定的活动范围和动作空间。

4. 情感是体育舞蹈的灵魂

人体是一种文化，舞蹈是一种人体文化。没有人体动作就无法构成舞蹈，而没有人体动作的意象美，就不可能有优美感人、意境深邃、形神兼备的舞蹈。因此，体育舞蹈空有人体美和人体动作美，缺乏人体动作的意象美，就不能具有勾魂摄魄的力量。

当体育舞蹈从人类的纯生理现象进入审美活动的领域时，就意味着人体动作意象美地位的确立，这是一个从"体态语"人体动作向"仪式语"人体动作过渡的演进过程。这一过程，也就是人体运动形态向人体审美形态的过渡，意味着体育舞蹈不仅是一种运动形态，更是一种审美形态。这种运动的审美一方面是基于人体的审美，另一方面是基于改造人体的审美。要使舞蹈达到人体动作意象美的境界，就必须做到"形神兼备"，这正是舞蹈具有感染力的决定性因素。这就要求体育舞蹈舞者通过人体动作体现出主体的精神气质和舞蹈的情韵。

单纯的体育舞蹈人体构不成审美和文化的符号，只有这媒介物运动起来，成为人类情感和意识的基本符号形式——姿势，体育舞蹈才开始呼吸。在体育舞蹈作品中，舞者的情感意识必须投入动作之中，使之成为表情达意或抒情言志的直接物质外化。但舞蹈的人体美，不只是生物学意义上的美，更重要的是人类社会、历史的产物，是人化了的躯体。在美的人体形式中，积淀着丰富的社会历史内容，在舞蹈的形式、姿态中，每一个点、线、色、形、音、韵都表现着意义、情感、价值。也就是说，舞蹈的人体美本身烙有人类文化的印痕，本身就是一种人类文化心理的产物。

体育舞蹈就是人的一种本能的升华，一种生命的展示。体育舞蹈需要人体美，需要人体动作美。舞蹈美凝练了人体与动作之美，诠释着人的情感升华之美，是人类不懈追求的最高艺术之美。通常的身体美是强壮的身体和适应各种温度、能抵抗外部环境疾病感染的身体锻炼总和。身体美是健美运动的最终目标，它包括身体的健康美、肉体健康美及精神健康美，它主要由体形、姿态、肌肉肤色、精神面貌等要素组成。体形美是指外形的匀称与协调，姿势美是指动作端正与舒展，肌肉美是肌肉的弹性柔软，肤色美是指皮肤的颜色，精神美是指精力与体力。

一、体形美

体育舞蹈体形美是指身体外形的匀称与协调。体育舞蹈选手首要是匀称与协调，在评价体育舞蹈选手匀称与协调时主要考虑身体各部分的和谐、匀称与协调，而人的各部分结构都有一定的比例，这种比例取决于具体的历史时期，取决于特定历史时期的思想，取决于人本质的概念和人的所属性。

匀称美和协调美是舞蹈运动员的基础美。在评价体育舞蹈运动员身体曲线时，最基本的是脊柱曲线正常，膝部曲线正常。尤其是女选手，更要具有其特有的曲线美。首先是丰满而挺拔的胸部，这是构成女性曲线美的主要标志之一。乳房丰满而富有弹性，并有适度发达的胸肌作为依托，从而构成胸部优美的曲线。其次，坚实平坦的腹部和稍微纤细苗条的腰部也是女选手曲线美的又一标志。通过舞蹈运动，腰腹周围过多堆积着的皮下脂肪消除，从而充分显现出腰部优美的曲线。再次，丰满而适中的臀部能构成女选手的又一优美的曲线。通过舞蹈运动，使过分肥大臃肿的臀部变得适中而富有弹性，使瘦小松垮的臀部变得丰满而紧凑。最后，腿部肌肉分布匀称、有弹性，关节大小协调，从而显示出体育舞蹈选手的膝部优美曲线。

二、姿势美

体育舞蹈姿势美是指动作的端正与舒展，姿势美的因素主要有：坐、行、走、立等姿态。

体育舞蹈训练可以使选手姿势端坐优美。优美的坐姿应该是抬头、挺胸、直腰、收腹。腰背准确优美的站姿应该是"三后一睁"，即挺颈、挺胸、挺腿、两眼睁圆，目视前方，头颈、躯干和脚在一条垂线上，两臂自然下垂。缺乏训练的站姿多表现为弓腰、含胸、重心偏移至单腿。优美的走姿不是一摇三晃，也不是八字步横行，而是保持身体正直，挺胸直腰，微收小腹的姿态，膝和足尖始终正对前方行进，两臂自然摆动，步伐稳健而均匀。因此，优美的姿态和潇洒的动作符合人体解剖学和生理学规律，能给人以健美的印象。

三、肉体美

体育舞蹈肉体美是指通过肌肉和骨髓的发达所表现的美。健美目标中的肉体美，不仅追求身体某一部分的美，也追求全身的、和谐的美。因此，舞蹈运动所追求的应该是建立在健康基础上的全身的、和谐的肉体美。

肉体美是体育舞蹈运动训练的目标之一，通过舞蹈训练，使肌肉发达，脂肪适中，从而使人体肉体美表现出筋骨美、肤色美、弹性美及柔软美。肌肉是人体力量的源泉，同时也是力的象征，因此，健美的体型、健壮的体魄是和发达的肌肉密切相关的。在艺术家、人类学家和健美运动员的观念中，发达的肌肉和健壮的体魄是人体美最主要的因素。发达的颈肌使人颈部挺直，强壮有力；发达的肱二头肌、肱三头肌及前臂肌群可使手臂线条鲜明，粗壮有力；覆盖在肩部的三角肌可使肩部宽阔，加上发达的背阔肌，从而使躯干呈现优美的"V"形；腰部骶棘肌能固定脊柱，使上体挺直，从而使人挺拔、伟岸；发达的腹肌能增强腹压，保护内脏，有利缩小腰围，从而使人匀称、协调而富有美感；发达的臀部肌肉和有力的下肢肌肉能固定下肢,给人强壮坚毅的象征。同时,通过训练可使骨骼肌发达,消除多余的脂肪,从而使肌肉更富有弹性,各关节更加柔软。

肤色美是体育舞蹈运动员肉体美的另一表现。著名诗人雅科夫斯基称颂,结实的肌肉和古铜色的皮肤是世界上最美丽的衣裳。体育舞蹈选手通过特殊的训练,如日光浴、海水浴、森林浴等使皮肤变健康,呈现出最美的古铜色。

四、精神美

体育舞蹈精神美是指舞蹈选手外形美与内在的精神气质美,它包括:生命美、活力美、能力美。运动员通过体育舞蹈训练,充分体现出生命美与活动美。

第四节 体育舞蹈的运动美

体育舞蹈用人的形体"说话",一系列动作组成舞蹈的特殊语言,构成流动状态的视觉现象。体育舞蹈技术动作是舞蹈艺术最基本的表现手段,技术动作是经过艺术提炼、组织加工、美化修饰并赋予鲜明节奏感和韵律感的人体动作,动作是舞蹈的核心元素,高规格、高质量的动作需要经过长期艰苦训练和多次实践比赛。

体育舞蹈十支舞的动作各具特色,风格迥异。摩登舞中有流畅潇洒的华尔兹舞,刚劲顿挫的探戈舞,连绵飘逸的狐步舞,欢快激扬的快步舞,回旋舒展的维也纳华尔兹舞。热烈奔放、活泼纯正的拉丁舞则通过髋关节的提压、扭转、摆动来展现人体美和表达情感。

体育舞蹈的动作美主要表现在以下三个方面:

通过动作的不同功能来体现体育舞蹈内涵美。舞蹈动作功能不同,有表现性动作、再现性动作,带有明显的"抽象""模拟"痕迹的动作,正是"表意"功能使得舞蹈语言形象化。

第一,通过"动作"的不同风格来展示体育舞蹈的"形式美"。体育舞蹈的"形式美",通过动作得以具体表现,而不同风格的舞种又有不同的美化造型化的标准,都能找到由文化精神的差异延伸到舞蹈风格用动作表现形式的差异。

第二,通过动作的质量来体现体育舞蹈的"线性"美。体育舞蹈动作形态上表现为开、绷、直、立。开是舞者左右对称极大限度地向外拉开肩、胸、胯、膝、踝这五大关节部位,扩大动作范围,运动灵活,表现力极强,最大限度地占有舞台空间;绷是舞者将各部位绷起来,尤其是脚绷直,增加脚形的美和脚的表现力;直是体育舞蹈练习者背部向上挺直,膝盖伸直,形成舒展、长线条、完美的舞姿造型;立是体育舞蹈选手使头颈、躯干和四肢作为一个整体,产生更加显赫的空间占有感,使体育舞蹈成为一种完全人为的、纯粹审美对象的艺术,从而有效地产生一种审美距离。

体育舞蹈运动最终的目标在于培养表现能力、精神能力,塑造健美的形体,但直接目标在于掌握体育舞蹈的技术,而舞蹈竞赛规则要求运动员在舞台上通过灯光音乐等配合进行人体表演与展示。因此,体育舞蹈运动具有独特的运动美。

一、技巧美

体育舞蹈技巧美是指技术的巧妙美。巧妙的技术有用力的技术、变化的技术、控制速度的技术、控制表现的技术等。这类技术的各种要素的目的得到满足时,能够感受到作为技巧的美及技术的要素美,因此,把技巧美作为构成舞蹈运动运动美的一个要素。体育舞蹈运动技巧美主要包括有变化美、和谐美、韵律美、造型美和准确美等。

二、动作美(活动美)

英国著名哲学家培根说:"秀雅合度的动作美才是美的精华。"舞蹈是以人体为媒介的艺术,人体的动作姿态是舞蹈艺术最基本的元素,在舞蹈艺术中,表演者、表现手段和创作成果是三位一体的,都是人体本身。舞蹈艺术的美是在动作流程中展现的人体的姿态节律的美,诸如形体美、造型美、技巧美及情绪美等。

动作流是体育舞蹈创造美的独特手段,也是观众欣赏美的直接条件。贾作光提出的"十字"理论原则,即:轻、稳、准、洁、敏、柔、健、韵、美、情,论述了动作美的要求。没有动作美就不可能有人体美。人体美和动作美是紧密相关的,车尔尼雪夫斯基指出:人的身躯是地球上最精美之物。舞蹈运动动作美主要体现在训练和比赛中,它包括有刚健美、柔软美、用力美、紧张美、放松美、优雅美、速度美、爆发美、轻快美等。体育舞蹈各舞种有其独特的主要动作,如旋转是华尔兹舞的精髓与生命。

三、表现美

体育舞蹈表现美是指在运动流程中能够看到的空间美。舞蹈把运动的流程分割成一幅一幅的空间美的序列,形成运动的空间美。

体育舞蹈比赛中,表现美尤为突出,它包括有姿势美、结构美、精神美等。体育舞蹈是情感达到极致时的身体表现,形成一整套程式化、规范化、序列化和风格化的动作姿态与审美情趣。如拉丁舞不断地变化弓步、仆步,以腰为轴,两臂平伸,依照横八字形挥动,依次在体前体后划出弧形,此起彼伏,形成一种独特的美。所有这些动作姿态的程式美都是遵循美的规律创造出来的。体育舞蹈通过空间形式中的构图美、舞蹈画面、选手及音乐流动等几个方面来展示其表现美。

四、结构美与造型美

舞蹈结构是指用动作语汇编成的独立的舞蹈组合。体育舞蹈的组合及套路都要贯穿着音乐的布局、结构,要有连贯性,要设法为发展舞蹈形象给以适当的铺垫,使舞蹈选手肢体语言同舞蹈形象有机地融合起来。

(一)编排美

编排美是将各种类型、难度的动作有机组合起来的成套动作,它能突出表演者的个人风格,又将多样化的动作与音乐舞蹈巧妙地组合起来,给人以艺术享受和美感。编排成套动作参加比赛是体育舞蹈的特点,是重要的评分内容之一。因此,重视套路编排,提高其审美效果是提高体育舞蹈技术水平及成绩的重要途径。如集体舞的编排,多变的队形和图案使创新的空间更加广阔。因此,教练和选手要像创作艺术品一样,不断地创造出体育舞蹈审美效果最好的成套动作。

（二）造型美

造型美是用身体形态姿势表现的美。在体育舞蹈运动中，有静态造型美和动态造型美以及动静结合的造型美。静态造型美如同京剧中的"亮相"，必须光彩照人，像一尊美的雕塑。体育舞蹈是动的艺术，它要求每个舞姿造型在变动中显得美观感人。按照体育舞蹈形体运动动与静的规律，造型是属于相对静止的范畴，动是渲染，静则是交代，是重复。

（三）技术美

体育舞蹈技术美是在完成动作过程中所能达到的最高技术规格，它必须符合力学原理和生理解剖条件。完成任何动作包括基本技术、基本动作、基本难度动作和高难度动作。把最合理、最优美、最高规格的动作做出来就是技术美的重要表现。

技术水平的高低决定一套体育舞蹈动作的审美价值。体育舞蹈技术美是人体美和动作美的综合表现，它有准确、协调、连贯、节奏感、动律以及动作规范化的特点。技术美充分显示了人的本质力量，它以绚丽多彩的舞姿、造型、舞步表现出特有的魅力，引起人们的情趣、喜悦和赞赏。技术美还包括动作美，如动作准确、干净、协调、连贯、节奏感强，给人一种完美、无懈可击的感觉。只有准确地掌握技术要领，动作才能规范化、美化。

（四）难新美

难新美是指高质量地完成新颖、高难、复杂的动作和连接所表现出来的震撼人心的美感。难度是衡量体育舞蹈选手实力的重要标志，是裁判员评分的标准之一。因此，选手要不断地发展和创新高难度动作，做出稳定高质量的动作，给人以美感。

在观赏体育舞蹈比赛时，要辩证地理解难新美的概念。难新动作完成的同时并能保持身体的稳定平衡及连贯，才能给人以强烈的视觉刺激和美的享受。

创新美在这里主要体现在体育舞蹈编排中的创新之美。美常与创新连接在一起，人们的审美标准虽然相对固定，但也受到多种因素的影响，会随着时代的发展、生活方式的变化、文化修养水平的提高而改变。"喜新厌旧"有时不应作为一个贬义词，也可以用它来说明审美观念和情趣的变化。再美丽的事物重复出现也会使人产生审美疲倦。如果构成这些动态形象的舞蹈动作不持续更新，不形象生动，无变化、平淡无奇甚至晦涩难懂，就会失去美感，也就失去了存在的价值。人们需要"新鲜感"，这种"新鲜感"也正说明了人们的审美观念和审美情趣是在变化着的。心理学的实验表明，重复出现的刺激物容易引起大脑皮质内有关神经细胞的抑制过程，某种程度的刺激信号如果长期作用于人的感官，便产生疲劳，感受性就会发生障碍，再精彩的比赛，人们都不愿意连看几遍录像，即使是现场观赏，时间如果拖得太长，没有新鲜内容，形式单调而重复，那观众也会很快厌倦。体育舞蹈的编排是将单个动作按一定的时间、场地、范围和方向路线合理连贯起来，组成一套完整的动作，体现舞种的基本风韵并有一定的技术难度动作，与音乐密切配合，发挥音乐效果。它的编排要求技术结构的衔接、舞蹈空间布局、音乐节奏快慢的穿插，运动员在队形中疏密得当，节奏错落有致，变化多样而统一。它的创造性特点主要体现在教练员和运动员对单个难新动作的创造和成套动作的组合设计上。运动员想要抓住裁判员和观众的目光，创编出新颖别致的套路样式和独一无二的动作结构是非常重要的，凝聚在这里的审美力是非常高妙的。体育舞蹈套路的编排创新在其教学、训练或者比赛中各有侧重，在体育舞蹈的教学中的套路编排主要以提高学生学习兴趣，提高运动技术为目的。因此，体育舞蹈教学的编排在掌握单个动作后，可以对基础步伐进行简单的组合，以提高学生学习兴趣；而当以体育舞蹈表演为目的时，在编排中要注意其套路的娱乐性和表演效果，根据不同表演对象，选择好的音乐，采用更丰富多样的舞蹈动作、造型以及技艺性动作等，增加表演的感染力，创造特定的气氛和艺术性；在竞技体育舞蹈比赛时，裁判员的评判标准包括运动员对舞蹈套路的创新、难度动作的等级、舞蹈的氛围等，体育舞蹈的编排创新度是比赛结果的评判标准之一，竞技性体育舞蹈编排应根据不同舞种、音乐的节奏，需要精心地编排舞蹈，套路动作的组合不再是单个简单基本动作的罗列，而应根据运动员的个人特点，讲究各个舞步、动作间的紧密联系、和谐搭配及完整统一，力求发挥运动员个人特色，抓住裁判眼球，这无疑是一项极具创新性的工作。

第五节　体育舞蹈的行动美

行动美有社会性的行动美和人性的行动美，是追求社会的行动美与人性的行动美的结合。因此，行动美是体育舞蹈选手的另一美学基础。人性的行动美有以意志为基础的钻研、努力、忍耐等行动美，有以情感为基础的感激、共悦、快乐、严肃等行动美，有以道德为基础的积极、正义等行动美。在体育舞蹈运动员的活动中，具有道德、情感、意志、理性等多种行动美的表达。

一、道德美

道德美是指道德行为、道德品质和道德境界的美，它表现为人的理想、信念、情操、风尚等。体育舞蹈道德美主要体现在体育舞蹈选手间及舞伴间的友爱美、合作美、纪律美、责任美及礼仪美。体育舞蹈举手投足都必须遵循礼仪，这些规范、典雅的行为举止，不仅礼貌得体，还给人以美的享受。如当男士手挽着女士进场，引导女士做急剧旋转后向观众致礼，女士则向四周观众行古典式的屈膝大礼，舞蹈结束后，男女舞伴不仅向观众行礼，男士还手指女士，面带微笑，对女伴的完美表现给予赞许。

二、意志美

意志美是指通过自己的意志，积极付诸行动时所见到的美，是意志活动所体现的有推进力的美和忍耐力的美。体育舞蹈意志美主要体现在体育舞蹈选手的忍耐美、坚毅美、努力美、专心美、积极美。体育舞蹈选手在比赛中展现出顽强拼搏、力争优异成绩的信念，在训练中体现出的勇于创新、不断攀登的精神，都来源于对舞蹈事业执着进取的精神，它直接影响着体育舞蹈美的创造和表现。

三、理性美

体育舞蹈理性美是指通过科学的判断及充实的创造精神所体现出来的美。

理性美主要表现为追求力与理解力的美。因此，可以把追求力与理解力的美称作理性的美，它是人类发展进步不可缺少的因素。体育舞蹈理性的美主要体现在安定美、计划美、追求美和结构美上。

四、和谐美

和谐体现了整一，和谐与整一涉及比例与尺寸。整一是对于美的形式的内在规定，是美的形式的本质。整一就是有机整体，孤立的部分不能产生美。整一也是一种秩序。"没有一种有秩序的事物是不美的。"体育舞蹈要求男女舞伴节奏同步和谐，共舞默契配合，倘能在年龄、身高、形体、容貌、气质、风度、乐感、舞感、表现力以及相互配合能力等方面协调一致，当是最佳搭档。男女舞伴在诸多方面统一就是和谐，就是洋溢着形式的外在美，也是形式美的高级层次。

男女舞伴在诸多变化中达到统一，在统一中又体现各自的特点，这就是多样化统一中的创造，使舞蹈的内涵更好地表现出来。

"动态"美和"静态"美在体育舞蹈里主要指的是造型美和舞姿舞态美，体育舞蹈中所遵循的"快舞慢跳，慢舞快跳"运动原则可以让观者自由转换在激烈和轻柔的氛围里。我国著名的戏剧艺术家欧阳予倩说，"舞蹈是活动的雕刻"，雕塑或雕刻其实都是指静止的人体姿态，也就是指舞蹈造型。"雕刻"的静态美与"流动"的动态美形成了完美结合。

体育舞蹈的造型是其运动美鲜明的标志，其造型包括双人套路中个人造型和团体舞蹈中的各种队形变换。在表达故事情节性的舞蹈中，运动员特定的舞姿及造型深化了舞蹈的主题，丰富了表达情节，塑造了人物形象；在单纯的表意性舞蹈中，姿态各异、变化多端的舞蹈造型加深了运动员在舞蹈中的情绪流露，增强了运动员的艺术表现力和感染力。

在双人舞蹈中，运动员将那些具有雕塑感的瞬间形态投放于运动过程中，这里的"瞬间形态"大多是静止的，但又不是静止的。此刻"静止"和下次的"爆发"带来了体育舞蹈动作构图的变化和视觉冲击，在节奏较为舒缓的伦巴舞和摩登舞里，它表现为特定造型中运动员的腰胯或者四肢肌肉的延伸、气息的变换，但它此刻的静止绝不是僵硬、机械的。女运动员造型动作的延伸性动作美化强调了她们优美的身体线条，使之更具有婀娜多姿、柔媚迷人的女性魅力。摩登舞中双人造型和特定的造型加大了选手们的动作幅度、配合默契的流畅舒缓的舞步，更充分体现了摩登舞舒展大方的特性，给观众带来柔和、舒展、愉悦的美。造型动作还具有很好的动作衔接作用，使整套动作形成张弛有度、动静结合的流动过程。而团体舞蹈中的造型性通常是指队形中构图的变化迁换，这其实是一个三维空间方位的动静结合。

国际舞蹈教师联合会（IDTA）顶级教师戴维说：体育舞蹈是一首流动的配乐诗。体育舞蹈的动态性在十个舞种中都有着淋漓尽致的表现，维也纳华尔兹舞是力求快速转圈的舞蹈，它要求运动员保持更大的空间完成左右转。被称为摩登舞蹈中技术性最强的则是狐步舞，其风格特点是潇洒、流畅，步幅宽大平滑，步态悠闲逗逸、从容恰适，步伐迂回、圆滑，线路曲折、多变，富于线条美、流动感，宛如行云流水，给人以一种飘逸超然之美感。它的动态性是以放势为主，动作重心较高，追求动作的外向性，在各种造型中站立及其四肢延伸的动作较多，讲究直线美，在拉丁舞中更有着时刻保持外八字脚型的严格要求，手臂是身体的延伸，手臂动作是身体动作的余波。体育舞蹈动作讲究时间和空间要素，它的团体舞群体中的协调配合、队形的多样变化、造型的优美典雅，伴以相应的音乐，构成一幅幅婀娜多姿的动态画面，可谓美不胜收。总之，体育舞蹈动作是不同的姿态在静止或流动的瞬间起落的变化结果，其快动作能赋予人们振奋、勃发的美感，慢动作则使人沉浸于舒缓、身心放松的情绪里，使观赏者顿生喜悦、愉快之情。

第六节　体育舞蹈的服饰美

在体育舞蹈中，男士与女士服饰起衬托美化作用，更为体育舞蹈锦上添花，使体育舞蹈散发出独具的特色与艺术魅力。体育舞蹈服饰作为文化的一种表现形式，从某种程度上反映出民族文化风貌，具有鲜明的民族风格。由于舞蹈风格不同，摩登舞、拉丁舞各有其专有服饰，因而需要不同款式的服饰来衬托。

风格美指在体育舞蹈运动中体现运动员或运动队的技术、战术特点之美，以及思想觉悟、意志品质、道德修养等综合的意识之美。体育舞蹈按照美的规律，运用优美的肢体动作和体态变化等手段，去反映人体美、运动形式美，它包含的一系列高度形式化和风格化的身体姿态动作，激起审美者的美感，满足体育舞蹈观赏者多样的审美需求，使观赏者提高其审美的能力、趣味、水平。体育舞蹈的音乐具有个性化特征，其音乐的丰富多彩增强了体育舞蹈的表现力，形成了表现动作本身的完美和对音乐旋律的理解。体育舞蹈里的西方音乐特别追求音响的厚实、丰满和立体感，追求一种对人心的震撼力，西方"力度"是由强度而来，是"强而有力"，西方音乐的魅力在于它那强烈的震撼力和裹挟力，聆听西方音乐，受到震动的不仅是心灵，而且还有自己的全部感官、整个身体。

  体育舞蹈里十个舞种的舞蹈风格、音乐节奏不尽相同，随之而来的是在每个舞种里运动员所展示的人体姿态和动作风格。其中摩登舞除了探戈舞外，都源于欧洲大陆，体现欧洲国家男士的绅士风度和女士的妩媚，它的音乐时而激越昂扬，时而缠绵性感，动作细腻严谨，穿着十分讲究：男士身着燕尾服，白领结；女士则以飘逸、艳丽的长裙表现出她们的华贵、美丽、高雅、闺秀之美态。拉丁舞中除斗牛舞外，都源于美洲各国，它的音乐热情洋溢、奔放，特具节奏感。以自由流畅的脚法律动的引导，展现女性优美线条，动人风情，气氛迷人，生动活泼，热情奔放。即使同一类别的舞种，其技术体系和舞蹈风格大致相同，但在比赛或者表演中，我们还是很容易就辨别出每个舞种来。以摩登舞中最受人们熟悉和喜爱的两个华尔兹舞和探戈舞为例：华尔兹舞的音乐舒缓柔和，男士引导女士在场上旋转，舞步起伏飘逸，给人浪漫迷人的观感；探戈舞的音乐则抑扬顿挫，刚劲有力、伴随快速摆头和转换方向的舞步，男女运动员表情严肃，给人庄严肃穆感。再说狐步舞，伴随着优雅恬静的音乐，男女舞伴在场上自在悠闲、舞步平稳，动作流畅如行云流水。从舞蹈造型上来说，拉丁舞的造型需要运动员具备一定的力量和速度素质，才能在快速强烈的音乐中以最短的时间做出优美的造型动作、静态般的雕塑性动作。摩登舞的造型动作多表现在组合动作的男女反身延展上，时间长，舞蹈动作较柔美，多对运动员的柔韧性、协调性提出了一定要求。在体育舞蹈中，运动员的舞蹈动作行进路线不是杂乱无章的。摩登舞对运动员场上的行进路线有着明确规定，场上运动员从不同起点，均沿着舞程线做逆时针运动。体育舞蹈项目的多样性满足了个体参与者的不同需求，选择参与强度和舞种，传达了欢快动感或者妩媚多情的气息。

体育舞蹈选手服饰的规定性强化了它的审美价值，独特的着装使选手颇具绅士风度和淑女风范。服装设计讲究线条与比例、庄重与典雅、雍容与华贵。在摩登舞比赛中，男选手身着燕尾服，以显示优美的身体线条和庄重的气质风度；女选手身着晚礼服，给人以华贵、娴静、高雅之感，以表现文雅端庄、稳重矜持的造型风格。

拉丁舞其服装设计追求活泼多变，粗犷的整体与精巧的局部，更显得别致动人。男选手服装多呈"V"形设计，下装紧身裤，上装多为宽松式长袖衫，以表现魁梧强健、英武有力的造型风格；女士则穿袒胸露背的草裙，展现出浓郁的拉美风情。

体育舞蹈的服装色彩包含了许多信息，通常借助色彩来表达舞者的情感。如快步舞、桑巴舞、维也纳华尔兹舞、恰恰舞等节奏欢快激烈的舞蹈中，男女舞伴的服饰多采用对比强烈的色彩组合，起到相互衬托的作用；而在华尔兹舞、狐步舞、伦巴舞等风格优雅抒情的舞蹈中，男女舞伴的服饰则采用对比较柔和的色彩搭配以产生和谐效果。色彩不同，给人的心理感受不同，诱发的联想不同。因此，体育舞蹈选手服饰要注重色彩的丰富。

第七节 体育舞蹈的音乐美

体育舞蹈的旋律感不只是舞蹈形象所需要的速度和节奏、空间和时间，其核心是体现音乐的内在冲动。体育舞蹈节奏是在速度的快慢中、力度的强弱中或幅度的大小中看到节奏的变化。体育舞蹈节奏的变化发展也会带来舞蹈形式的新颖性，因此，选手必须遵循舞蹈音乐的各种旋律和节奏。

体育舞蹈不能离开音乐，音乐形象是深化舞蹈形象、启动舞者感情的钥匙。体育舞蹈是在音调的高低、节奏的长短、节拍的强弱、速度的快慢中进行的。音乐的旋律除了形式上所表现出来的技术性，主要表现在旋律对舞蹈形象的塑造上；音响表现在思想感情上，感情强烈、高亢、激动时，音区便高，节奏也快，随之而来的舞蹈动作也会速度快、幅度大。音乐与舞蹈相辅相成，融为一体。音乐是体育舞蹈的灵魂,其优美的旋律、鲜明的节奏、多彩的风格、强烈的感情色彩总是把人们带入一种无形的美的境界,它使体育舞蹈的艺术表现力更加丰富、更为动人。

体育舞蹈的音乐美增强舞蹈的艺术感染力。心理学研究表明,不同的舞曲产生不同的情绪变化,使人具有多种感知体验,满足心理对音乐的需求。体育舞蹈的音乐具有个性化特征,探戈舞的刚健与顿挫、快步舞的轻快与灵巧、狐步舞的轻柔与流畅、伦巴舞的缠绵与抒情、桑巴舞的热烈与活泼、斗牛舞的雄壮与激昂,这些鲜明突出的人性特征极大烘托了舞蹈的气氛,增强了舞蹈的艺术感染力,使舞者陶醉在令人心驰神往、遐想万千的美妙意境之中。

第八节 体育舞蹈的审美特征以及具体表现

一、体育舞蹈的审美特征

(一)抒情性

体育舞蹈艺术的抒情性是指音乐、舞蹈艺术长于表现写意,而拙于再现写实,可以直接抒发和揭示人类的内心情感,具有强大的情感震撼力。

(二)表演性

体育舞蹈表演艺术的过程性和流动性是指音乐作为时间艺术,体育舞蹈作为时空艺术,其形象构成是在实践过程中流动展现出来的,因而在反映生活和表现情感的发展变化方面更为丰富。

(三)节奏感和韵律性

体育舞蹈表演艺术的节奏感是指体育舞蹈以节奏为重要表现手段,通过音乐、动作的规律来反复表达感情。韵律美是指音乐、舞蹈以在节奏基础上形成的旋律线和动作流,构成其艺术形象整体的美感。

节奏是形式美的重要法则之一,艺术节奏的内涵是情感的变化,不同的节奏可以有不同的表情作用，从而使旋律、舞蹈具有鲜明的个性。体育舞蹈的节奏更是其最重要的基本要素和表现手段。

韵律是在节奏基础上产生的更富变化的情感律动形式，它在音乐中表现为长短、疏密、上下起伏的旋律形成的旋律线。在体育舞蹈中则表现为由表情、姿态、造型等因素构成的动作流。

韵有两个主要因素：一是赋于情，二是动随韵意，二者是对立的统一。韵在舞蹈动作中是体现节奏和感情变化的。选手的基本功是体育舞蹈艺术的骨肉，情韵则是体育舞蹈艺术的灵魂。姿柔则生韵，韵而生情，"物有其容，情以物迁"，情美是舞蹈艺术的最高境界。

体育舞蹈的动作组合都为表达情感服务。不论是旋转、前进或后退、跳跃等技巧，脱离体育舞蹈形象角色性格，再高超的体育舞蹈技巧也不会真正拨动人们的心弦。因此，情美是体育舞蹈艺术的最高境界。

二、体育舞蹈的审美特征具体表现

（一）体育舞蹈的审美性具有以人体美为主要内容的形式美

体育舞蹈的人体美是区别于其他艺术形式美的根本性标志，人体美是人类审美活动的重要对象，是自然美的最高形态。体育舞蹈正是采用有生命的、运动中的人体动作作为构成形式美的物质手段，通过舞蹈动作、姿态造型、画面队形这些形式美的要素来展现其丰富的表现力和强劲的感染力。

（二）体育舞蹈的审美性具有直观性的特点

体育舞蹈的艺术形象是直接为观众所感知的，一般不需要理性思考和逻辑判断就能得到美的感受。如观赏体育舞蹈集体舞时，舞台上多变的舞蹈队形、流动的画面，在美妙的音乐旋律引导下，通过视觉和听觉器官输入大脑，形成舞蹈的表象感知。

体育舞蹈审美的直观性主要表现为不假思索、立即做出的审美判断，是感觉的自觉反应。这种自觉的审美判断都是建立在过去审美经验积累的基础上所形成的理性积累的自然结果，这也是衡量一个人的体育舞蹈文化素养、体育舞蹈审美能力和体育舞蹈审美水平高低的标准。

(三)体育舞蹈的审美性具有虚拟性

由于体育舞蹈是以人体为主要表现媒介的艺术,所以体育舞蹈的审美性具有虚拟性,它以人体形式美介入来抒发与传播人的思想感情。体育舞蹈通过舞蹈形象来抒发表演者的感情,体现民族与时代的审美理想。体育舞蹈选手在进行表演时,要把自己的审美经验和审美理想展示为可以感知的舞蹈动态形象。这个形象具有双重性:一方面它是物质的,建立在视觉和听觉的基础之上;另一方面它又是虚幻的,只存在于此时此刻,转瞬即逝。它是在观众的接受过程中最后完成的,虚中有实,实中有虚,虚实结合。

(四)体育舞蹈的审美性具有高度的概括性与凝练性

体育舞蹈以人体为主要表现手段,舞蹈动作追求高度的概括与凝练,一抬手、一投足都应具有宽泛的涵义。而体育舞蹈动作姿态大多源于生活,有着一定的生活依据,但经过艺术加工提炼,写实的、再现性的动作姿态逐渐演变为抽象的、表现性的符号,进而规范化产生独立的审美价值。在体育舞蹈创作中,创作者、表演者和欣赏者都是人本身,都离不开人。体育舞蹈作品是选手及教练创造的,而每一次表演又都是选手舞蹈美的再创造。因此,在体育舞蹈审美里,"人成为了自由的人和真正的人"。

体育舞蹈必然符合舞蹈本身美的规律:从中西方传统美学发展、审美意识的差异研究中发现,体育舞蹈美的本质存在差异。西方美学认为,体育舞蹈是和谐的体现,是和谐性美的表现;体育舞蹈是真、善、美的体现,是真善美的表现;体育舞蹈是身体的体现,是身体美的表现;体育舞蹈是愉快的体现,是道德美的表现。中国传统美学认为,体育舞蹈是"形神"的艺术,是"圆"的艺术,是"虚实"的艺术,是"写实与写意"的艺术,是"自然"的艺术。综合中西方关于美的本质的阐述,其共同点主要集中在自然要素和艺术要素上。

体育舞蹈的审美形态主要表现为:体育舞蹈的健康美,它主要包括身体的健康美、精神的健康美和行动的健康美;体育舞蹈是身体艺术的极致,身体美主要包括体形美、姿势美、肉体美及精神美等要素;体育舞蹈的运动美,主要包括技巧美、动作美及表现美等;结构与造型美主要包括连接美、编排美、造型美、技术美及难新美;体育舞蹈的行动美主要包括道德美、意志美、情感美、理性美及和谐美；体育舞蹈的服饰美是指体育舞蹈选手的服饰对体育舞蹈的表演与竞赛起到衬托的美化作用，可为舞蹈锦上添花，亦具有独特的审美价值和艺术魅力；体育舞蹈的音乐美是指音乐独有的魅力促进了体育舞蹈的发展，构成了体育舞蹈的审美形态。

精神美是指在体育舞蹈运动中，自觉地确定目标，在目的的支配下，调节自己的行动，克服各种困难，从而实现目标的心理过程中呈现的美。人与其他动物的根本区别在于人拥有主观精神，它规定了人的发展内容的丰富性，精神美也被称作"意志品质美"，是人类的本质和精髓，以人为中心的体育实践活动自其产生之日起，从未把自己的目光停留在人的"身体"上。于是在体育运动中，不但身体得到了发展，精神也得到了锤炼。在我国就曾出现过令人意气风发、斗志昂扬的乒乓精神、女排精神，它曾激励无数人在各行各业中努力拼搏，不断进取。体育舞蹈在这方面也表现出了它独特的功能，它以邀舞、起舞、共舞等礼节性的动作为主，符合一定的伦理道德规范的人的行为举止、仪表仪态。美的教育体现出了人们的憧憬虔诚之情，在庄重优美的动作姿态中表现出威仪之美、端庄之美，从而培养出高雅大方的气质。

随着社会的发展，人们对精神生活的要求越来越高，对审美的追求也同样如此。美育已成为当今教育的重要组成部分。体育舞蹈训练和学习也是实现审美教育的重要手段之一，它并不直接告诉练习者什么是丑恶，什么是真、善、美，而是让参与者激动、陶醉和愉快，从而获得美的享受，在这种审美的情感中不断地涵养自我、美化自身，使人格得以升华。在关于体育舞蹈审美价值的这一项调查中，约有80%的人认为体育舞蹈可以提高人们的审美能力，培养气质，提升艺术修养，增强意志品质。这也表明参与体育舞蹈运动，培养良好的气质和风度，已经成为人们参与体育舞蹈运动的共识。运动员在比赛中良好的竞技状态——专注、自信、能自我控制的临场发挥，以及运动员的风度、气质、仪表都是体育舞蹈精神美的体现。

在对体育舞蹈精神美的调查中，得出如下结论：体育舞蹈运动员、教练员在这一部分调查中表现出了一致性，其选项依次为协作美、礼仪美、意志美、风度美，各占72.67%、51.74%、46.51%、45.34%；教练员选择排名靠前的依次为协作美、礼仪美、意志美、风度美，各占53.57%、50.00%、46.42%、

39.28%。调查显示，参与者对体育舞蹈里所蕴含的精神美有较高的认同度和一致性，它满足了人们的精神享受，唤起了人们对美的追求。体育舞蹈由过去的随意性变为现在的举手抬足规矩可循，这不仅是体育舞蹈的风格要求，也是体现运动员的庄重和对观众的尊重。

体育舞蹈的审美特征主要表现在抒情性、表演性、过程性和流动性及节奏感和韵律性几方面。体育舞蹈的审美特征具体表现：有以人体美为主要内容的形式美；体育舞蹈的审美性具有直观性的特点；体育舞蹈的审美性具有虚拟性；体育舞蹈的审美性具有高度的概括性与凝练性。

当前体育舞蹈在我国得到非常迅猛的发展，但普遍存在重技术轻理论、重竞技轻普及、重形式轻水平的现象。为了进一步提高体育舞蹈的技术水平和观赏性，提出以下建议：进一步加强体育舞蹈的理论研究，尤其是体育舞蹈的美学研究；建议在体育舞蹈的教学、训练中增加审美教育，将体育舞蹈美的形式贯穿于训练、比赛及表演的每一个环节中，不断提高体育舞蹈竞技与表演水平；提高体育舞蹈观众的欣赏水平，使观众能从比赛与表演中得到美的享受，从而促进体育舞蹈的不断发展。体育舞蹈的审美特征研究是一个复杂而又艰难的过程，如在本书研究中，并没有涉及美育教育等方面，其主要原因是受时间、条件、学识水平等诸多因素的制约，希望有更多的体育舞蹈理论研究者进一步深入研究。

第二篇　体育舞蹈美学应用实践

第四章　摩登舞的形体美学研究

第一节　华尔兹舞的形体美学研究

一、华尔兹舞概述

截至当前，距华尔兹舞产生已经有数百年的时间。12世纪，奥地利维也纳北部阿尔卑斯地区、德国南北巴伐利亚区内，有一种深受当地农民喜爱的民间舞蹈，这种舞蹈是由打谷场上的踢腿动作演变而来的，这便是华尔兹舞最早的雏形。两个世纪之后，流行于德国、奥地利等国家的兰特勒舞中便已经出现了华尔兹舞中的代表性动作，这种舞蹈基本姿态是男士双手扶住女士的腰部，女士则把双手放在男士肩膀上，按逆时针方向旋转，其中还包含了滑步、中速旋转等现代舞的典型动作。

从17世纪末期开始，华尔兹舞进入了一个不断发展却又不断动荡的阶段，华尔兹舞在维也纳被列为宫廷舞。在法国，华尔兹舞被赋予了自由、平等的新寓意，从而备受追求自由者的推崇。到了18世纪，欧洲的许多公共舞厅内，到处都是一对对抱在一起，尽情旋转的人们。华尔兹舞给许多不同阶层的人们带来了快乐，但同时也受到了反对者无情的鞭挞，很多社会名流都对华尔兹舞发出了大声斥责。华尔兹舞虽然经受了如此多的谩骂和挫折，但它的生命力并没有被摧毁，相反，它的艺术根基在很多人们心中越扎越牢，其向上的动力大有越挫越勇之势。18世纪末期，华尔兹舞出现在一般性社交舞会上，成为英国舞厅中的主角，广受不同人士的欢迎。同时，皇室对于华尔兹也表现出了超凡的热情，维多利亚女王就非常钟爱华尔兹舞，在她的倡导下，反对华尔兹舞的浪潮渐渐退却。

华尔兹舞自产生一直致力于扩大自身的影响力，19世纪末期华尔兹舞传入美国波士顿，其舞步被改编为一步一顿的两步舞，因而被人们称为两步华尔兹舞或者波士顿华尔兹舞。在20世纪20年代，英国皇家舞蹈教师协会对华尔兹舞的步法、身法和节拍进行了规范和整理，有了公认的标准。

二、华尔兹舞抱握姿势动作解析

（一）闭式舞姿

1. 男士握姿

（1）直立，沉肩，立腰，两脚并拢，松膝。

（2）左手与女士右手掌相对互握，虎口向上，前臂与上臂的夹角约130°，高度置于男士眼左侧方向的延长线上。

（3）右手五指并拢，置于女士左肩胛骨下端，右前臂与女士的左前臂轻轻接触。

（4）头部自然挺直，目光从女士的右耳方向看出。身体向女士右侧移约半个身位，右髋部与女士右髋部贴靠。

2. 女士握姿

（1）直立，沉肩，立腰，两脚并拢，松膝，上体稍后屈25°。

（2）右手与男士左手相对互握。

（3）左手放置于男士右肩三角肌线处。

（4）头部略向左倾斜，目光从男士右耳向前看。

（5）身体稍向男士右侧移约半个身位。

（二）开式舞姿

在闭式舞姿的基础上，男、女舞伴的上身均向外闪开大半部分，面向前方，目光通过相握的手，但男士右髋部与女士右髋部的动作同闭式舞姿一样，仍轻轻接触。

三、华尔兹舞基本舞步动作解析

（一）前直步

预备姿势：松膝降重心，右腿支撑，左腿前出。

（1）右脚推撑地面，将重心移至左脚经脚跟过渡全掌成支撑，此时重心处于最低点，右腿前出。

（2）左脚推撑地面，将重心移至右脚前脚掌成支撑，后半拍中心开始上升。

（3）右腿撑伸将左脚拉移靠并右腿，前3/4拍重心升至最高点，后1/4拍松膝降重心。

（二）后直步

预备姿势：松膝降重心，右腿支撑，左腿后出。

（1）右脚推撑地面，将重心移至左腿经脚前掌过渡全掌成支撑，此时重心处于最低点，右腿后出。

（2）左脚推撑地面，将重心移至右腿脚前掌成支撑，后半拍重心开始上升。

（3）右腿撑伸将左腿拉移靠并右腿，前3/4拍重心升至最高点，后1/4拍松膝降重心。

（三）左转步

（1）男士左脚前进，开始左转；女士右脚后退，开始左转。

（2）男士经右脚横步，1~2转1/4周；女士左脚经右脚横步，1~2转3/8周，身体稍转。

（3）男士左脚并右脚，2~3转1/8周；女士右脚并左脚，身体完成转动。

（4）男士右脚后退4~5转3/8周；女士左脚前进，继续左转。

（5）男士左脚经右脚横步身体稍转；女士右脚经左脚横步，4~5转1/4周。

（6）男士右脚并左脚，身体完成转动；女士左脚并右脚，5~6转1/8周。

（四）右转步

（1）男士右脚前进开始右转；女士左脚后退开始右转。

（2）男士左脚经右脚横步1~2转1/4周；女士右脚经左脚横步1~2

转 3/8 周,身体稍转。

(3)男士右脚并左脚,2~3 转 1/8 周;女士左脚并右脚身体完成稍转。

(4)男士左脚后退 4~5 转 3/8 周;女士右脚前进继续右转。

(5)男士右脚经左脚横步,身体稍转;女士左脚经右脚横步稍前 4~5 转 1/4 周。

(6)男士左脚并右脚;女士右脚并左脚,5~6 转 1/8 周。

四、华尔兹舞组合动作解析

（一）左脚并换步

(1)男士左脚前进;女士右脚后退。

(2)男士右脚经左脚横步稍前;女士左脚经右脚横步稍后。

(3)男士左脚并右脚;女士右脚并左脚。

（二）右脚并换步

(1)男士右脚前进;女士左脚后退。

(2)男士左脚经右脚横步稍前;女士右脚经左脚横步稍前。

(3)男士右脚并左脚;女士左脚并右脚。

（三）向右急转

在舞程进行中,向右急转共有六步,第一步至第三步做一个右转身;第四步至第六步做一个急速的 180°反方向转身。

(1)男士右脚向前进一步,用脚掌贴地而转,同时左脚在右脚之后横过配合右脚移动;女士左脚向后退一步,用脚掌贴地移转。

(2)男士左脚在右脚贴地转移时,应顺势自后横过到达合适地点;女右脚横过左脚之前,再向前伸出。

(3)男士右脚向左脚拍合的时间非常之短,右脚几乎一到,左脚就要后退;女士左脚向右脚拍合。

(4)男士左脚向后退一步,用脚掌贴地做反方向移转;女士右脚向前伸一步用脚掌贴地做整个身体 180°转向。

（5）男士左脚转好，右脚也跟着转好之后，再向前开出一步；女士左脚同时在右脚之后横过，再向前伸到合适地点，仍旧不停地用脚掌贴地面而转。

（6）男士右脚到达合适地点，仍用脚掌贴地而转，左脚则在右脚之后横过，再横向平迈出一步；女士右脚经过左脚旁，向前迈出一步。

（四）后退锁步

在华尔兹舞中，后退锁步是一种简单的花式舞步，一共6拍，每拍1步，共6步。

（1）男士左脚向前一步，同时左脚掌贴地而转，整个身体都移转方向；女士右脚向后退一步，用脚掌转移，整个身体一起移转方向。

（2）男士右脚横过左脚后方，再向右移出，到达合适地点；女士左脚横过右脚之前，再向左方移出。

（3）男士左脚向右脚拍合，女士右脚向左脚拍合。

（4）男士右脚后退一大步是直线的后退；女士左脚向前一大步，直线向前。

（5）男士左脚在右脚之后后退，左脚不能后退到超过右脚所在的位置，只能达到右脚之前右方就要停止；女士右脚伸向左脚左后方。

（6）男士右脚后退一步，女士左脚向前迈出一步。

第二节 探戈舞的形体美学研究

一、探戈舞概述

（一）探戈舞的来源追溯

探戈一词源自西班牙，探戈舞发源于非洲中西部地区，北非地区的吉卜赛人把充满野性和动感的早期探戈舞蹈形式带到了欧洲的西班牙，形成了民间女子独自演绎的弗拉门探戈舞。到16世纪末期，这种舞蹈随着黑人奴隶的贩卖，出现在了美洲地区。探戈舞在阿根廷得到了很大的发展和推广，当地人将民间舞蹈中的众多元素融入探戈舞中，使舞蹈的形式和舞曲的风格有了浓郁的南美特色。在这里，探戈舞由原来的单人舞改为男女共舞的形式，并且阿根廷政府将 1880 年定为探戈舞的诞生年。

纵观探戈舞的发展历程可以发现，在阿根廷底层人民中广为流传的牧人舞和米隆加舞发挥了不容忽视的作用。在牧人舞中，男士把自己打扮成牧人的样子，女士则一袭长裙，这种舞蹈展现了迷人的南美风情，而舞蹈中的刚劲、粗犷、豪迈等特点，被借鉴到了探戈舞之中。米隆加舞是首都布宜诺斯艾利斯流行较广的一种民俗舞蹈，探戈舞吸收了该舞蹈中的诙谐、轻快、活泼的舞蹈风格。此外，非洲地区的坎乐贝舞，西班牙的方丹戈舞中的某些元素也被融入探戈舞中，这些民族舞使探戈舞更加具有了质朴、纯真的艺术魅力。而古巴早期的哈巴涅拉舞是起源于哈瓦那的西班牙舞，它那奇异的音乐节奏和富于变化的旋律，对于探戈舞曲风格的形成也起到了决定性的作用。

19 世纪后期，一些意大利移民的后裔开设了简陋的酒吧间，他们和当地土著人以及西班牙人一起为了发泄生活中的不满情绪，常常在此大跳探戈舞。有的因为和别人争夺女友，在跳舞时表现出肃穆的神情，并时刻保持警惕的状态，头部动作较多，意在了解身边是否存在情敌，这些独特的舞蹈风格和舞者神态，逐渐形成了探戈舞固有的特色。

探戈舞因其粗犷、性感，具有原始野性而受到了非议。同时，探戈舞因为来源于下层人民，故而舞曲的歌词也具有一定的平民特色，不被当时的王室贵族所接受。所以，当其在民众中广泛传播时，遭遇到了无法想象的巨大诋毁。探戈舞在欧洲各国盛行之时，同样被很多人认为是粗俗、低级之物，曾遭到教会、皇族以及上层社会的严厉抵制。甚至有一些较具影响力的教会，要求在整个欧洲范围内禁止探戈舞的出现。但这些并不能遏制探戈舞的发展和蔓延，它展现出了顽强的生命力，它就如同被赋予了特殊的力量，慢慢征服了整个世界。在探戈舞逐步发展的过程中，其内部包含的很多消极内容被逐步舍弃，高雅气质与贵族风范表现得越来越明显，探戈舞不仅具备舞步精巧、别致的特征，舞姿也尤为大方优雅，此外融入了许多创新性的步法和技法，随后探戈舞逐步转变成社交场合中深受人们欢迎的运动项目。

19 世纪末至 20 世纪初，探戈舞以新的姿态回到了西班牙，形成了西班牙探戈舞。此时，西班牙探戈舞的舞步和动作更加显现出大气、豪迈的特色。伴奏中采用的哈巴涅拉舞曲音乐，节奏更加激昂、铿锵，音乐和舞蹈中多了停顿，更加给人多变之感。之后西班牙探戈舞传到了法国首都巴黎，走进了高雅的咖啡厅，很受人们的青睐，它甚至作为一种艺术形式被搬上了演出的舞台，使西班牙探戈舞得到了快速传播。与此同时，探戈舞出现了很多种流派，不同流派间的技法、步法不尽相同，于是英国皇家舞蹈教师学会对各种流派的探戈舞进行了收集、整理、加工，使技法和步法更加规范化和统一化，并把探戈舞列为皇家早期交际舞之一。这些做法标志着探戈舞得到了统治阶层的广泛认可和接受，并在欧洲贵族阶层风靡一时，成为正规场合社交舞会上经常演绎的舞蹈。

在20世纪初，探戈舞进入了北美洲，自此它的影响力开始波及整个世界。第一次世界大战结束后，探戈舞进入成熟并稳定发展的时期，随后慢慢发展到巅峰阶段，很多探戈舞者在世界各国都广受欢迎。

（二）探戈舞的常见类型

1. 英式探戈

英式探戈舞，英国人的探戈舞，由不列颠岛对岸之法国阿根廷社区展开了侵欧之旅。异于华尔兹舞之握持，阿根廷探戈舞独特的贴脸靠肩握持，加上舞步中男女四腿的纠缠环绕，在自傲清高的英国人眼中，阿根廷探戈舞被画上了与色情的等号，同样遭到排斥。

迟至1907年，英国伦敦才肯认定阿根廷探戈舞是社交舞蹈的一种。到了1920年左右，给予了制式化，由于其制式模板的发行，在推广上势如破竹。从此在阿根廷人眼中的异种探戈舞"英式探戈舞"，逐渐取代了"探戈"这两个字。

2. 美式探戈舞

美式探戈舞，在这民族大熔炉的国家，由阿根廷探戈舞发展成美式探戈舞是无可避免的。美式探戈舞初期，其上身握持较接近阿根廷式，但腰腿脚部之动作较属改良式，而舞步移动同英式探戈舞般，舍弃了原地彼此对绕，多采用大步移动的方式。

近年来美式探戈舞也因英式探戈舞的流行，在握持与舞步上产生偏向英式探戈舞的趋势。传统之美式探戈舞，在好莱坞电影中可窥一二，而影片中，导演往往让冷漠的美艳女主角经由探戈舞的阳性自大热情而投向对方。电影并未让美式探戈舞风靡世界，但"探戈"二字经由电影深深植入世界各国人民之心。

3. 竞技型探戈舞

竞技型的探戈舞，以英式探戈舞为根基的竞技型探戈舞，在握持上渐有脱离旧有英式探戈舞方式，采取较夸张的态势，基础舞步上保有英式的架构，但竞技舞步的排序与音乐变化的效果却爆发性地吸引人，抛头顿足是其特色，也是传统阿根廷探戈舞爱好者嗤之以鼻的动作。

4. 阿根廷探戈舞

阿根廷探戈舞，流行于现今时日各类探戈舞的祖源。在阿根廷首都布宜诺斯艾利斯，探戈舞代表了阿根廷的草根性，但它不是休闲的一种，而是文化的一种。早期它不称探戈，而称为 milonga，它是从众多阿根廷民族舞蹈演变而来。此舞蹈的出处备受当时民众的排斥，一称中下阶级之色情媒介舞蹈，一称此舞蹈为男同志间的舞蹈。

可能是探戈舞本身蕴含的热情化解了民众在冷漠社会中冰封的心，阿根廷和世界各国的民众都逐步对探戈舞产生了肯定态度和拥抱态度。就当前来说，阿根廷探戈舞成为众多运动项目中的宠儿，研究与开办之组织与社团，是各类舞蹈中的翘楚，下至社区阿根廷探戈舞蹈教室，上至美国百老汇剧院，舞迹可说无所不在。

5. 中国台湾探戈舞

中国台湾探戈舞，美式探戈舞是中国台湾探戈舞之前身，经由中国台湾舞者之自创与变化，产生了属于我们的探戈舞，也因此，中国台湾探戈舞中嗅不到阿根廷探戈舞的浪漫热情。而握持因民风相异而不同，除手背有接触外，其余均不接触；不过舞步的多样化、复杂化是中国台湾探戈舞的特色。可贵的是中国台湾探戈舞与本土音乐的节拍与速度，相互嵌合而自成一格，也因这点，中国台湾探戈舞可名列五大探戈舞之一；现今如能在舞步上统一地规划，编列教材，才能延续中国台湾探戈舞的历史生命。

二、探戈舞抱握姿势动作解析

（一）闭式舞姿

1. 男士握姿

（1）挺胸立腰、松膝微屈，身体重心下沉，左脚前右脚后错开约半个脚掌，双脚不并合，离开约 10cm。

（2）身体稍向女士右侧偏移约 1/2 身位，髋部至膝盖相贴，眼视方向与华尔兹舞同。

（3）左手的握持与华尔兹舞基本相同，但肘部稍上抬，小臂与上臂之间的角度约 90°。

（4）右手置于女士左肩胛骨下部，稍过身体中线。

2. 女士握姿

（1）上体后屈约 25°，眼视方向与华尔兹舞同。

（2）左手置于男士右腋窝后外侧。

（3）其他与男士握姿相同。

（二）半开式舞姿

探戈半开式舞姿是由闭式舞姿变化而成，主要变化是男士上身向左，女士向右稍打开，头部均为同向，目光通过相握的手上方看出。男右女左为支撑腿，男左女右膝微屈置于身侧，脚趾内缘着地，男左膝内侧轻贴在女士右膝外侧。

三、探戈步法解析

步法在探戈舞中起着非常重要的作用，如移动、保持身体平衡等都需要步法来进行调整。在练习探戈舞步法时，应遵循以下几点要求：

（1）由于探戈中没有上升和下降动作，因此步法动作不再用脚尖，而是用脚掌来完成。

（2）所有正常的前进步和侧行步 1～2 步的步法都是脚跟先着地的。当双脚合并时，则双脚平伏。

（3）如果是侧行合并步，步法依次为脚掌、脚跟。

(4)左脚后退以肩引导时,步法依次是脚掌、脚跟内沿;右脚在反身动作位置后退,步法依次是脚掌、脚跟。

(5)当身体左转时,男士的第二步步法为脚掌、脚跟,女士则为全脚平伏。

四、探戈舞基本舞步动作解析

（一）常步

(1)立腰、松膝微屈,身体稍左转。

(2)向前迈步时左脚跟、掌外缘着地,右脚跟、掌内缘着地。女士后退时则反之。

(3)走步时是横斜地向右前走,出步方向与身体形成不同角度。

（二）横行步

(1)男士左脚先出为例。身体、头部正向前方,松膝微屈。髋、膝稍向左转（女士方向相反）。

(2)迈步时,摆动腿注意靠贴支撑腿,膝不得外张。

（三）侧行位

常姿站立（男士为例）。

身体稍左转,头稍右转,以右腿支撑,左腿脚前掌内侧着地快速向左侧推出膝盖内扣,同时身体快速稍右转、头稍左转,眼看左侧前方（女士要领同男士,方向相反）。

五、探戈舞组合动作解析

（一）分式左转

分式左转是指两脚不做合并步前进的意思。这种舞步有点儿像狐步舞,但节拍的表现与舞步的移动是完全不同的。分式左转可并式结束,也可分式结束。转度一般为3/4左转或5/8左转,根据下一个舞步而定。女士外侧指第三步时女士运行在男士外侧的舞步。

1. 男士舞步

(1) 男士左脚向前快一步。

(2) 男士右脚沿着左脚之旁后退。

(3) 男左脚已经开始移动,否则右脚绝不能做180°的转身,左脚移动是表示身体亦同时移动。

(4) 男士右脚向后退一步。

(5) 男士左脚在右脚前方横过一步。

(6) 男士右脚横移一步。

2. 女士舞步

(1) 女士右脚后退一步,同时用脚跟移转方向。

(2) 女士左脚在右脚之前横出一步。

(3) 女士右脚向前迈出一步。

(4) 女士左脚斜向左上方迈出一步。

(5) 女士右脚在左脚之后横过。

(6) 女士左脚横过一步。

(二) 四快步

四快步在一小节内进行。男士无转体,女士1/4右转形成开式舞姿。这个变化又叫作换位四步,是一种出其不意的逆向性瞬间运动。在节奏处理上要追求一种附点式变化。即第一和第三个快步,处理成半拍,而另外两个快步,则变成一拍半。由于速度较快,故有一定的难度。

1. 男士舞步

(1) 男士左脚前进。

(2) 男士右脚横行。

(3) 男士左脚后退。

(4) 男士右脚并步。

2. 女士舞步

(1) 女士右脚后退。

(2) 女士左脚横移。

（3）女士右脚前进。

（4）女士左脚并步。

（三）横进左转

横进左转一共由十步组成，是探戈舞种最经常出现的。

1.男士舞步

（1）男子左脚向前迈出一步，同时脚掌贴地而转。

（2）男右脚在左脚后横过，再横出一步。

（3）男左脚向左上角做一曲线形迈出一步。

（4）男右脚在左脚之旁前进，再迈出一步。

（5）男左脚在原来位置，不向左或右方转，亦不向前后移动，只用左脚摇一步，即在这一舞步中，身体并不移转，只向后一摇就算一步，在摇的时候，重心在脚掌。

（6）男右脚做一步平行的横移。

（7）男左脚后退一步。

（8）男右脚后退一步。

（9）男左脚在右脚之前横过一步。

（10）男右脚向左脚拍合。

2.女士舞步

（1）女右脚向后退一步，同时用脚掌移转。

（2）女左脚在右脚之前横过，到达合适位置时，左右两脚是平行放置的。

（3）女右脚向后做一曲线形退一步。

（4）女左脚后退一步。

（5）女右脚做方向移动，即右脚在这一步中，仅做极小角度的移转，应提起脚步移动。

（6）女左脚向左方小移半步，用脚提起移动。

（7）女右脚向前斜出半步。

（8）女左脚向前进一大步。

（9）女右脚在左脚之后横过一步。

（10）女左脚向右脚拍合。

六、探戈舞脚部运用要点解析

（一）脚跟

对于探戈舞的舞步来说，由于不存在升降动作或者摆荡动作，因而绝大部分前进舞步的足着点均落在脚跟位置。其实，探戈舞步是将脚跟平放的，在探戈舞中脚趾是不应受到压迫的，因此，将不再提到脚趾的部位。在讨论探戈舞足着点时，将以脚掌的部位为主。如果有旋转或者升起时，足着点会落在脚趾的部位。我们都知道在探戈舞中，是没有上升的动作的，但是如果探戈舞在做转的动作时，足着点会在脚跟和脚掌吗？逻辑上来说，应该是这样，但实际上也并不尽然，因为这和转动的幅度和方法有关。

（二）脚跟到脚掌

探戈舞有其独特的性质。在前进步做转的动作时，足着点通常都在脚跟，事实上，这样的动作是把脚跟平放此后不把"平放"说出来，而且脚掌不会感受到压力。例如，男生在摇转步或开式左转步中第一步的前进。有人形容探戈的常步，会有一种好像脚被粘住的感觉，这感觉就像走在刚铺好的柏油路上一样。所以，探戈舞不同于华尔兹舞，在探戈舞一般的转动作中，回旋的动作总是被避免。然而如果在转时需要有回旋的动作，就像女生在外侧回旋的舞步中，足着点就真的变成脚跟到脚掌，她同时也快速地向右侧转。而外侧的舞伴在右扭转步第五步的时候，是运用脚跟到脚掌的步法。这和技术书上所描写的是一致的，因为编写技术手册的往往由很多成就卓越的舞者组成的委员会负责完成，所以存在的错误比较少。

（三）脚掌到脚跟

很明显的，所谓的就是当男生或女生在做后退步时的动作。然而并非如此简单，因为探戈舞的握持和探戈舞的舞步风格反身位置时右脚后置。脚在这个时候是从脚掌的外侧边缘开始辗动直到脚跟平放，然而当左脚退回到开放的位置时，脚将从脚掌内辗转到脚跟。

（四）脚掌内缘到脚跟

男生在左脚后退时要用左肩膀去引导就像退锁步在左脚，你将会感觉到一直在使用脚掌内缘到脚跟，同时，在闭式行进间当女生以侧行步踏向右脚第三步，她大约向左转了四分之一，因此就会用到脚掌内缘，然后把左脚并向右脚，整个脚轻微向前进。

（五）脚内缘

当以左脚踏向侧边并且右脚并到左脚时，左脚将以脚内缘的部位来作为主要的支撑，而将右脚轻轻地靠回来，足着点将落在整个脚上。

（六）整个脚

足着点落在整个脚也经常出现在女生的舞步中。当左转步左脚的第二步在踏向侧边时，会用到这种足着点。

（七）脚掌

有一个少有的例子，却是教学大纲里的舞步，在右扭转步当男伴的右脚在左脚后面通过时，他用了脚掌然后做右扭转动作也许是反向的扭开足着点将是在右脚掌和左脚脚跟上。

第三节 狐步舞的形体美学研究

一、狐步舞概述

（一）狐步舞的概念

狐步舞名称的来源是：模仿狐狸走路姿势的舞步。狐步舞由慢狐步舞与快狐步舞组成，快狐步舞逐步演变成了快步舞，慢狐步舞就是人们时常提起的狐步舞。

（二）狐步舞的来源与发展

说起狐步舞的发展，就必须要提到一个美国人的名字，他就是哈利福克斯。1913 年，成为美国齐格菲尔德歌舞团喜剧歌舞明星的哈利福克斯，在纽约电影院的屋顶花园表演了一种融入了自己设计思想、幽默风趣的舞蹈，这种舞蹈是哈利福克斯从狐狸跑步的活泼姿态中得到的创作灵感，并融合了西迷舞中的某些元素，很具有特色。同时，他把富于浓郁黑人爵士风格的拉格泰姆舞曲作为舞蹈的伴奏音乐。这种舞蹈将跑跳等动作与舞步融在一起，舞蹈中既有轻快的节奏又有轻柔的韵律。后来这种舞蹈在演出时，获得了意想不到的成功，人们将这种舞蹈形象地称为狐步舞。在原文中，福克斯也是狐狸的意思，所以人们常把狐步舞直接称为福克斯，以此表达对哈利福克斯的纪念。

狐步舞随后传到了英国，著名舞蹈家瑟芬宾利将许多英国舞蹈的风格注入狐步舞中，使其成为一种英式舞蹈。在 1914 年初召开的英国舞蹈教师大会上，狐步舞成为有一定影响力的舞厅舞，舞蹈教师们把它作为教授课程的新宠。在 20 世纪 30 年代，英国皇家舞蹈教师学会对狐步舞的舞蹈技法做了进一步整理和规范，并把它作为国际标准交际舞中的一员，狐步舞成为运动舞蹈中的一个重要组成部分。

狐步舞在 20 世纪 30 年代传入我国。按照我国的习惯称谓，将布鲁斯称为慢四步，快步舞称为快四步，而狐步舞因其节奏适中，所以被通俗地称为中四步。

在 20 世纪初，就率先有了狐步舞的基本步法，但并没有产生较大的影响，在拉格泰姆舞曲的伴奏下，美国当时的著名舞厅舞名家维隆凯萨贤夫妇创编了一步舞，它是所有舞步中最基础的一种技法；舞蹈中速度平稳，节拍统一，以较快的步法每一拍跳动一步，主要身法技法有合舞、轴转、抛转舞伴、齐跳等。一步舞就是一种快节奏的狐步舞，在相当长的一段时间里，受到了人们的欢迎。

在狐步舞的发展过程中，其对很多舞种的发展进程都产生了很大的作用。此外，一些舞蹈原本就是狐步舞演变与分化的结果，如美国吉特巴舞的舞蹈步法中就有狐步舞和黑人爵士乐舞的成分。

二、狐步舞基本动作解析

狐步舞的基本动作主要包括羽步、左转、右转等，下面就这些动作技术的学练进行介绍。

（一）羽步

羽步在狐步舞的各种舞步中是既简单又最具狐步舞特点的舞步。整个舞步的节拍是慢、快、快、慢，一共6拍。

1. 男士舞步

（1）右脚向前一步，这步并非直线前进，而是略微向左方开步。慢（2拍）。

（2）左脚沿着右脚前进方向，贴在右脚旁边向前进一步，这一步也不是直线前进的，而是左脚略微斜向右方前进。快（1拍）。

（3）右脚沿着左脚前进，在经过左脚旁再向前移动时，右脚应向右上方微微斜出，此时左右两脚已呈一前一后，犹如走路一样，而且身体方向已略转向右。快（1拍）。

（4）左脚沿着右脚前进，贴着右脚左方前进，在经过右脚右方后，左脚向右上方斜出。慢（2拍）。

2. 女士舞步

（1）左脚后退一步，这一步是直线后退，与男伴舞步略有不同。慢（2拍）。

（2）右脚沿左脚后退路线在左脚右方后退，当经过左脚位置后，右脚就应略向左移，以配合男伴这一步的舞步。快（1拍）。

（3）左脚后退一步，沿着右脚右方后退，与右脚位置成一直线，此时身体已与开步时的方向有所改变，即已略向左转。快（1拍）。

（4）右脚后退一步，后退时沿着左脚边缘做曲线形后退。慢（2拍）。

（二）左转

左转舞步的节拍是慢、快、快、慢、快、快、慢，一共10拍。

1. 男士舞步

（1）左脚开出第一步时，左脚是向左上方斜出的，这一步也可以先直出一步，再做左转，当转身时总是脚掌贴地转向左方。慢（2拍）。

（2）当左脚在用脚掌移转方向时，整个身体也同时移转。在左脚贴地移转时，右脚要同时在左脚之后横过，再向右转，到达合适地点时，右脚与左脚是并列的，但并列时间异常短促。快（1拍）。

（3）在右脚到达合适地点后，右脚掌仍应贴地而转，同时，左脚已移到右脚之后，成为一前一后的步行状态。快（1拍）。

（4）跟着右脚沿左脚右方后退，这一步在开始时，由于步势上的关系应略做曲线形转动，直到经过左脚之后，才做直线后退。慢（2拍）。

（5）在第四步中，右脚到达合适地点时，仍用脚掌贴地将整个身体向右移转。在移转时，左脚同时在右脚之前横过，到达右脚左上方。此时，左右两脚又成步行状态，左脚在前，右脚在后。快（1拍）。

（6）当左脚移到合适地点后，右脚就向前进一步，直线式前进。快（1拍）。

（7）左脚再向前一步。这一步是连接前后两个舞步的。慢（2拍）。

2. 女士舞步

（1）右脚后退一步，到达合适地点时，用脚跟着地，脚掌离地而转方向。慢（2拍）。

（2）在右脚用脚跟移转时，左脚也应同时移转，与在移转时的右脚拍合，拍合的时间极短。快（1拍）。

（3）左脚向右脚拍合的一瞬间，右脚又立刻向前进一步，直线式开步。快（1拍）。

（4）左脚再向前进一步，到达合适地点时，用脚掌移转。慢（2拍）。

（5）右脚横过左脚后方移动，当与移动中的左脚成平行时停止。快（1拍）。

（6）左脚在右脚之后横过，后退一步，同时右脚也顺势移转。快（1拍）。

（7）右脚向后退一步，这一步是结束之步，又是另一舞步开步的第一步。慢（2拍）。

（三）右转

除了转的方向不同外，右转舞步与左转舞步基本上是相同的，整个舞步的节拍是慢、快、快、慢、慢、慢，共10拍。

1. 男士舞步

（1）右脚向前迈出一步，同时用脚掌贴地而转。慢（2拍）。

（2）左脚自右脚之后横过。事实上当右脚用脚掌贴地移转时，左脚已同时在移转，到达合适地点后，左右两脚处在平行并列的状态。快（1拍）。

（3）在左脚转动时，右脚顺势向后退一步，到达合适地点后，与左脚形成与步行相仿的状态，左脚在前，右脚在后。快（1拍）。

（4）左脚贴在右脚边向后退一步，直线式的后退。慢（2拍）。

（5）右脚后退一步。这时左脚应该用脚掌贴地转身，同时，右脚横过左脚之前再向右方移出少许，两脚是平行的。慢（2拍）。

（6）左脚略向右脚边沿靠合，再向前做一曲线形迈出一步。慢（2拍）。

2.女士舞步

（1）左脚向后退一步，同时做转身，这一步用脚跟转，不是用脚掌贴地转。慢（2拍）。

（2）当左脚用脚跟转时，右脚也应同时随着整个身体移转，之后左右两脚处于合并情形。快（1拍）。

（3）左脚向前进一步，直线式前进。快（1拍）。

（4）右脚向前一步，经过左脚旁前进，到合适地点时，用脚掌贴地移转，同时左脚也应移动配合。慢（2拍）。

（5）左脚自右脚之后横过，再向前进。慢（2拍）。

（6）此时左右两脚虽分开，但是平行地站着，右脚自左脚旁边经过，女子向后退一步。慢（2拍）。

三、狐步舞训练的注意事项

要想学习和掌握狐步舞的技巧，习舞者就必须清楚地了解正确的舞伴关系的构成，并要注意以下几个方面的事项：

第一，狐步舞的移动是通过身体的摆荡来产生的。

第二，在所有的舞步中，从头到尾都要保持身体的接触。

第三，转动和旋转是狐步舞中反身动作的主要动力，也是外侧舞伴身体姿势的原理。

第四，倾斜，主要为平衡横向的倾斜。断裂式的倾斜是属于特殊的倾斜不属于技术规范定义内。

第五，升与降，依各种不同的舞科特性而定。

第六，脚的位置，脚部正确的定位，双脚平行。

第七，脚的轨迹，即脚轻刷过地面，终止在身体下方的轨迹。

第八，脚步技巧，训练双脚的弹性，巧妙地做出升与降。

第四节　快步舞的形体美学研究

一、快步舞概述

快步舞和狐步舞原本是一种舞蹈，后来快步舞逐步脱离狐步舞，并发展成一种独立舞种。20世纪初期，快步舞开始得到广泛发展，到了1924年，英国皇家舞蹈教师学会公开发表了慢狐步舞和快狐步舞的基本技法及根本区别，从此，两种舞步开始分离，快狐步舞定名为快步舞，拥有了自己的发展体系和身法、步法标准。

现阶段在世界各地广为流传的快步舞由于被纳入体育范畴，所以竞争的激烈程度大大提升，难度动作同样增加了很多，如竞赛中经常出现跳步，滑步、合并步等难度动作，这在很大程度上增加了快步舞的难度，双方的动与静必须绝对一致，所以狐步舞男伴的领舞技巧和女伴的跟舞反应及两人的默契配合、快速反应必须达到更高的要求。由于难度的加大，所以跳快步舞经常出现错误，这其中的另一个因素还是由于舞曲节奏太快，这就容易使人顾了动作而忘了速度，跟了节奏又忘了动作，所以有时经常出现踩不到"点"上的现象。

二、快步舞抱握姿势动作解析

（一）姿势

1. 男士姿势

自然站立，并保持膝部的稍屈，腰部用力撑紧，胸部不能拉紧，肩膀放松。身体重心在脚掌上，双脚平放。

2. 女士姿势

其姿势基本与男士相同，但是其腰部以上应稍向后。

（二）握姿

1.男士握姿

面向女士保持上述姿势站立。左手握住女士右手于大拇指和食指之间，其余手指并拢，手腕不可弯曲，手和肘呈直线，左上臂稍往下倾斜，但手至手肘之前臂则是向上向外倾斜，左手的高度大约在耳部平行位置。相互之间右腹稍稍靠近。男士右手五指并拢放在女士左肩胛骨的下方，从肩膀到手肘整个右上臂向下倾，手肘到手之间呈一直线。

2.女士握姿

左上臂轻轻放在男士右下臂，左手手指并拢放在男士右肩下方之手臂二头肌上，也可根据身高进行相应的调节，其手指大拇指和食指的位置轻握男士右臂。

三、快步舞基本舞步动作解析

（一）1/4转身

1/4转身是快步舞的基本舞步之一，跳快步舞时经常用得着。整个舞步的节拍是：慢、快、快、慢、慢、快、快、慢。

1.男士舞步

（1）从起步点起，面向舞程方向之右约30°角，第一步用右脚开步后，用足掌贴地整个身体向右方移转。

（2）左脚因身体向右移转自然地在右脚后方移动，左脚先随右脚跟之后，再向后退到合适的距离。

（3）右脚向左脚迅速拍合。

（4）右脚退后之后，几乎可以说右脚一停步，左脚就应向后移。

（5）右脚再向后移动一步。

（6）左脚斜向后转退一步与右脚拍合，但不是完全拍合，应移左一点。

（7）右脚向左脚拍合。

（8）右脚拍合之后，左脚向前开一大步。

2.女士舞步

（1）左脚向后斜退一步（和男子舞步用右脚开第一步相反）。

（2）女右脚横过左脚的前方移向右上方。

（3）左脚向右脚拍合。

（4）右脚向前迈出一步。

（5）左脚又向左前方前进一步。

（6）右脚过左脚后方后，横出一步。

（7）左脚向右脚拍合。

（8）左脚向右脚拍合之时，几乎是同时，右脚向后退一步。

（二）向右转身

向右转身也是快步舞常用的舞步之一，舞步并不艰深，看来较之1/4转身更简单。整个舞步分成六步，其节拍是：慢、快、快、慢、慢、慢。

1.男士舞步

（1）右脚直线向前开出一大步，当这一步到达合适距离后，就用脚掌贴地移动。

（2）左脚经过右脚的后方移转，当移转到合适地点，但尚未踏实在此合适地点之上。

（3）右脚已经移动，此时左右两脚应拍合。

（4）左脚向后移退一步。

（5）右脚横过左脚之前向左脚靠合，此时左脚事实上尚未完全停止移动，故左脚待右脚站稳，就要同时向右脚拍合。

（6）左脚拍合的时间短到几乎可以说是仅靠右脚一碰就向前移动一步，这一个动作是迅速的、连接无间断的。

2.女士舞步

（1）左脚向后直线退一步，和男子舞步一样，这一步在退到适当地点时，仍旧不停地移动，右脚也同时跟着移动。

（2）右脚横过左脚前方移动，此时左脚仍然在用脚掌移动当中。

（3）左脚向右脚拍合。

（4）右脚向前一步，这一步与第一步左脚移动方式完全相同，不过是左右脚转换了。

（5）左脚在右脚之后横向顺着移动，这一步和第二步移动方式相同，即在右脚移动时，左脚同时顺势移动，在移动中，右脚仍在用脚掌贴地移转中。

（6）右脚在左脚旁经过向后退一步。

（三）回旋步

将舞步向左转之后，接着向右转，或者先向右转之后，再向左转。虽然在旋转时，因方式繁简不同而分成许多种类，但基本形式的组成仍是不变的。整个舞步节拍是：慢、慢、慢、慢、慢，全部都是慢步，没有一步是快步，故舞起来较为容易。

1.男士舞步

（1）左脚向前伸一步。

（2）右脚在左脚后方横过之后，再横向平行移动到合适地点。

（3）右脚不停地移转，同时左脚跟着向后退，此时右脚与左脚，已成一前一后的同线而不同位置的方向。

（4）左脚到达合适地点后，用脚跟着地而移转，同一时间，右脚横过左脚之前而与左脚拍合。

（5）左脚向前进一步，这一步是另一舞步第一步的开始。

2.女士舞步

（1）右脚退后一步。

（2）右脚用脚跟移转，左脚在右脚前面横过，与右脚拍合。

（3）右脚向前伸出一大步，同时不断地用脚掌贴地移转。

（4）右脚移转时，左脚在右脚后方横过，再与右脚平行伸出。

（5）第五步和男子一样，也是另一舞步开始的第一步，循此，舞步可以连续下去。

四、快步舞训练技巧解析

（一）舞步的练习技巧

1.前进起步

开始时双脚并合，重心放在其中之一脚上，当前脚移动时，主力脚膝盖向前弯曲，身体移动，由臀部摆动腿部使移动足向前，经过脚尖脚掌脚跟的位置，在定点跨步的位置将前脚膝盖打直但不可僵硬，而后脚膝盖稍向后弯曲。此时平衡点在前脚膝盖和后脚的脚掌上。当前腿膝盖向前时，后脚脚跟已离开地面直接降低前脚脚尖。

2. 后退起步

开始时，双脚并拢，重心放在其中一脚上，膝盖稍弯曲，从髋骨摆动腿部移动脚，首先是在脚掌然后脚尖，轻触地面时前脚离地。在这里定位时，前膝盖伸直不可僵直，后膝稍微弯曲，此时重心位于前脚脚跟与后脚脚掌之间，当后膝弯曲时，重量放到后脚。再拉回轻触地板的前脚，同时慢慢降低后脚脚跟，当移动足经过主力足时，主力足之脚跟完全降至地板。

3. 脚踝练习

两脚并拢，脚向地面做功产生力源压力，推动重心由脚跟向脚尖移动同时提起脚跟；还原要经脚尖、脚掌、脚心、脚跟控制垂直落下。反复多次练习。注意要领——两腿大腿根肌肉内缘夹紧；膝关节要始终保持放松（即保持微曲延伸不要挺直）；一定要先向地面用力后再向前移动重心；上身要放松保持竖轴直立；脚跟提起后大腿后面肌肉向前继续用力经小臀肌、大臀肌使胯关节到位（即完全送至脚尖上）。

4. 弹跳练习

两脚分开、两膝内扣，两脚踝内侧着地、重心移至一脚上，重心脚弹跳移向另一脚位置时另一脚迅速弹开。注意要领——移动时是主力脚向下压地推动整个身体移向动力脚位置；始终保持两脚内侧脚掌着地；整个移动过程身体要保持竖轴直立；意识要向前向远；两腿膝关节要一直放松保持弹性；两膝、两脚踝要一直内扣，裆部始终要夹紧；收脚要迅速；重心移动要到位；重心转换要快。

（二）上升与下降技巧

上升时由大腿肌肉支撑力，使膝盖伸直，然后整个身体向上扩张，随后脚跟脚掌向上升起，下降时先由脚尖、脚掌在地，并使膝盖弯曲，以便使下一步顺利进行。

（三）内圈转（后退转）技巧

此动作由后退步来引导转动，但在移动时脚不做旋转之动作。而整个转动都在后退步和主力脚的扭动吸引中完成。当内圈转时，如后退步转 3/8 时，在第一、二步间脚转 3/8；身体少转时，主力脚不转，主力腿、膝盖弯曲和扭转，以引导转动。当并脚时，身体完成转的动作。

（四）外圈转（前进转）技巧

外圈转动作指的是由前进步来引导进行的转动，而其转度则由前三步分二段进行，如转度为 3/8 右转时，则第一、二步转 7/4，第二、三步再转 1/8。当转动时，在其主力脚会出现旋转之动作，而移动足则直线前进。

第五节 维也纳华尔兹舞的形体美学研究

一、维也纳华尔兹舞概述

维也纳华尔兹舞是从位于奥地利阿尔卑斯地区，北部山区的民间舞蹈德勒尔舞中发展、演变而来的，德勒尔舞的基本舞步是原地的不同方向旋转，其中比较具有特色的动作是滑步和旋转，跳舞时，男舞伴手臂围绕着女舞伴，女舞伴则会在对方的配合下尽情旋转，整体动作优美、大方。舞蹈的伴奏乐器主要是小提琴、低音提琴、黑管等。

维也纳华尔兹舞最初只是德勒尔舞中的一组最为基本的舞蹈动作，随后它经历了无数发展和演变，它的表演形式由原来的两位舞者一手相牵，并在舞动中旋转，变化不同的姿态和位置，发展为了半拥抱的舞蹈方式，这一改变被很多人认为是伤风败俗，所以维也纳华尔兹舞也和其他种类的现代舞一样，受到过抵制。但这些并不能阻碍它的发展进程，从 18 世纪末期开始，维也纳华尔兹舞在欧洲宫廷广为流行，成为宫廷舞中的一部分。19 世纪之后传到了欧洲和美洲的各大城市。

就标准舞比赛而言，维也纳华尔兹舞和华尔兹舞是呈并列关系的两种独立项目。分析可知，维也纳华尔兹舞的难度很高，其中的标准旋回仅有前进式左右旋转和原地的斑点式左右旋转四种形式，加上前进换步也不过五种。面对极快的速度，双方必须不断提高配合的默契程度，所以练好维也纳华尔兹舞的难度很大。

二、维也纳华尔兹舞基本动作解析

（一）1/4 转身

整个舞步的节拍是：快、快、快、快、快、快、快、快、快、快、快、快。

1. 男士舞步

（1）男右脚前进向右转身。

（2）男左脚小步继续右转。

（3）男右脚并左脚舞程线改变，由面对右脚变为背向左脚。

（4）男左脚后退。

（5）男右脚退后靠拢左脚。

（6）男右脚靠在左脚上面，但重心仍在左脚上。

（7）男右脚后退向左转身。

（8）男左脚靠着右脚，右脚用脚跟向左转身。

（9）男由背向左脚变为面对右脚。

（10）男左脚前进。

（11）男右脚前进靠拢左脚。

（12）男右脚靠在左脚上，但重心仍在左脚上面。

2. 女士舞步

（1）女左脚后退向右转身。

（2）女右脚后退。

（3）女左脚并右脚。

（4）女右脚前进向左转身。

（5）女左脚前进靠近右脚。

（6）女左脚靠在右脚上。

（7）女左脚傍步。

（8）女右脚傍步。

（9）女左脚并右脚。

（10）女右脚后退。

（11）女左脚后退靠拢右脚。

（12）女左脚靠在右脚上。

（二）踌躇步

踌躇步的节拍是快、快、快、快、快、快。

1. 男士舞步

（1）男右脚前进。

（2）男右脚前进并右脚（左脚在右脚之后约半脚位）。

（3）男左脚靠在右脚上，但身体重心仍在右脚上。

（4）男左脚前进。

（5）男右脚前进靠拢左脚（右脚在左脚之后约半足位）。

（6）男右脚靠在左脚上，但身体重心仍在左脚上。

2. 女士舞步

（1）女左脚后退。

（2）女右脚后退靠拢左脚。

（3）女右脚靠在左脚上。

（4）女右脚后退。

（5）女左脚后退靠拢右脚。

（6）女左脚靠在右脚上。

（三）左转

左转的节拍是快、快、快、快、慢、慢。

1. 男士舞步

（1）男左脚前进，向左转身。

（2）男右脚傍步继续左转。

（3）男左脚并右脚（背向舞程线）。

（4）男右脚后退，向左转身。

（5）男左脚并着右脚，身体重心在左脚上面，用右脚脚跟向左转135°。

2.女士舞步

（1）女右脚后退，向左转身。

（2）女左脚并着右脚，身体重心在左脚上面，用右脚脚跟向左转135°。

（3）女左脚并着右脚，身体重心在左脚上面，用右脚脚跟向左转135°。

（4）女左脚前进向左转身。

（5）女左脚并右脚（背向舞程线），右脚后退，向左转身。

（四）右转

右转的节拍是快、快、快、快、慢、慢。

1.男士舞步

（1）男右脚前进，向右转身。

（2）男左脚傍步继续右转。

（3）男右脚并左脚（背向舞程线）。

（4）男左脚后退，向右转身。

（5）男右脚并左脚，身体重心仍在左脚上，用左脚脚跟向右转身。

2.女士舞步

（1）女左脚后退，向右转身。

（2）女右脚后退，向右转身。

（3）女右脚并左脚，身体重心仍在左脚上，用左脚脚跟向右转身。

（4）女右脚前进，向右转身。

（5）女左脚傍步继续右转，右脚并左脚（背向舞程线）。

三、维也纳华尔兹舞训练技巧解析

（一）基本技术技巧

跳维也纳华尔兹舞是用上身带动下肢移动，膝部处于不用力状态，能够做到膝部放松。腿的迈出，两者的膝部都是由弯曲到伸直，但效果却完全不一样。膝部放松的原理，就像我们原地跳起来摸高一样，当准备跳起来的时候，身体先微微屈膝下蹲，肩背往上拉提，利用身体肩背的牵引力带领下肢跳起。所以，那一瞬间膝部的伸直，是完全处于一种放松状态。跳舞时，若运用此一原理，上身领着下肢，膝部就能够做到放松。但是，原理归原理，跳舞要做到身体带动下肢是十分困难的事，因为它受到"动中求静"的制约。

当技术关基本通过后，就是找感觉了。所谓感觉，是舞者的精神世界，是对事物的心灵感悟。这种心灵感悟运用到跳舞，特别是和舞伴共舞，不但要同心还要协力，想的和跳的都要恰到好处。美妙的感觉如梦境，使人入迷，妙不可言，说也说不清楚。对舞伴而言，是艺术享受，对他人而言，是一种美感。舞伴之间跳出这种感觉以后，磨合发生了质的变化，国标舞的艺术魅力才能开始绽放光彩！

（二）维也纳华尔兹舞的6步技巧

（1）先做下降，但切忌在下降时出脚，然后在身体向前的同时出脚（沿身体方向出脚，不能撇脚），其中最需要注意的就是脚到身体的这个法则，在完成脚部动作之后，身体要继续向前前进。

如果按这种要领做1的时间值就像前面说的有1.5拍长了。

（2）在1的基础上继续前进，切忌在原地旋转，这时想到的只是前进（和慢华尔兹一样）。在前进的同时身体完成一部分旋转，而脚却基本上完成指向（旋转）。

（3）维也纳的3和慢华尔兹的3最大的不同就是在这一步上，维也纳的3不能上升得太多，心中想的是保持高度，而不是继续上升，同时身体继续完成旋转，但并不需要完全到位，留有一部分的欠旋转可以将下一步做得更有力度、更充分。

（4）4是后退的第一步，和1相似的是它下降之后沿身体方向直退，要注意的是退的人的身体要注意不可以退得太过分,不然舞伴就感觉你的存在(男女都一样的）。

（5）后退三步中最重要的就是这一步了，合理完成这一步对保持舞伴的前进十分重要，这一步中重要的就是：一、后退脚要经过支撑脚出脚。二、胯要打开，让舞伴经过，不这样很难旋转到预想的方向。三、等待舞伴经过后，身体跟上（这也是这步时间值比较长的原因了）。

（6）这一步相对简单，只要身体完成旋转，后脚跟上就可以了。至于慢华尔兹的前进两次转，后退一次转，在这里仍然适用，不过强调的重点放在了身体上了。

（三）维也纳华尔兹的音乐处理技巧

听音乐时应将音乐听为 1.2.3.4.5.6 而不是两次 1.2.3。由此音乐的处理也不一样，男伴是 1.2.3.4.5.6，女伴是 4.5.6.1.2.3。1.2.3 和 4.5.6 的处理是不一样的，1 的时间值大概是 1.5 拍，2 和 3 的时间是 0.75 拍了，4 的时间值为 1 拍，5 的时间值为 1.25 拍，6 的时间就是 0.75 拍了。了解了时间值之后就可以进一步从时间值中了解到每一步的步法了。

第五章　拉丁舞的形体美学研究

第一节　伦巴舞的形体美学研究

一、伦巴舞的起源与发展

伦巴舞有"拉丁舞灵魂"的称号，最初起源于非洲，16世纪前后，随着非洲黑奴的贩运，伦巴舞也随着他们走向了拉丁美洲，经过多年的提炼与艺术加工，逐步形成现代的伦巴舞。

伦巴舞在发展进程中，出现了各种风格，大体分为方形伦巴舞和古巴伦巴舞两种不同表现形式。方形伦巴舞又称箱形伦巴舞或盒子伦巴舞，因其舞步呈四方形而得名。方形伦巴舞的伴奏音乐来源于古巴，小鼓、摇响器是主要的演奏乐器。这种舞蹈最初是一种民间舞，从20世纪30年代起在芝加哥、纽约等大城市流行，之后风行整个欧美地区。古巴伦巴舞是在方型伦巴的基础上发展变化而来的，20世纪30年代起开始崭露头角，20年后在古巴、墨西哥等国流行，随后传到了欧洲大陆。擅长编创舞蹈的英国人将前进步和后退步融入了伦巴舞中，最终由英国拉丁舞蹈的权威人士为其定名为古巴伦巴舞。古巴伦巴舞节奏活泼、轻松，强调胸部动作，同时，腰髋部位的摆动更是为舞蹈增添了无尽的活力和热情。

随着不断的发展，现代伦巴舞在音乐上缠绵深情，舞步上婀娜多姿，风格上柔媚抒情，使舞蹈充满了浪漫情调，令人陶醉。

二、伦巴舞的舞步动作

（一）基本舞步

伦巴舞的基本舞步是学习其他舞步的基础，原地基本步掌握后可做向左转和向右转的练习，旋转角度每6步不要超过1/4周，方步可接扇形步、单一点转步等，其具体步骤如下。

（1）男士左足前进，胯向左后摆转（前脚掌平面）；女士右足后退，髋向右后摆转（重心脚外展）。

（2）男士重心后移至右足，胯向右后摆转；女士重心前移至左足，胯向左后摆转。

（3）男士左足横步稍后，胯经前向左后摆转；女士右足横步稍前，胯经前向右后摆转。

（二）曲棍步

曲棍步是由于女士右转时的步子路线形似曲棍球棒而得名。一般从扇形步连接，后接开式扭胯步，节拍2小节6步。

（1）男士左脚前进（从扇形舞姿准备）；女士右脚收并左脚，拧胯，重心移至右脚收腹上提，两脚相夹。

（2）男士原地重心后移至后脚，收腹上展；女士左脚前进，手臂打开。

（3）男士左脚并右脚，左手拇指向下锁住女士；女士右脚前进，靠近男士左侧，手臂前上。

（4）男士右脚后退，向右转25°，手指相接；女士左脚向左斜出前25°前进，准备左转。

（5）男士重心前移至左脚，身体不要因手臂而变；女士右脚横步稍前，左转5/8周与男士相对位。

（6）男士右脚前进，从第4步至第6步共转1/8周；女士左脚后退，从第4步至第6步共转5/8周。

（三）扇形步

男女舞伴向左右打开，形成扇形面的舞姿，它有多种衔接法，一般是做完基本步的前半部后由男士引导做扇形步，节拍1小节3步。

（1）男士右脚后退（闭式舞姿准备）；女士左脚前进，准备向左转。

（2）男士重心前移至左脚，右手带领女士左转；女士上右脚准备左转，右脚后退。

（3）男士右脚步横步与女士分离，左手握女士右手；女士左脚步后退与男士分离（节奏4）。男士重心移至右脚，右胯摆出，完成扇形步；女士重心移至左脚，右胯摆转，完成扇形步。

（四）右陀螺转

右陀螺转是男女舞伴从开式舞姿合成闭式舞姿后，一起在原地旋转的舞步。具体是2小节6步，后接螺旋步、艾伊达。

（1）男士左脚前进由开式合为闭式，肩对肩；女士右脚后退（应与男士有一体的感觉）。

（2）男士重心移至右脚（右脚背步）；女士重心移至左脚。

（3）男士左脚横步有转度引带女士；女士右脚向男士双脚中间前进，成闭式舞姿。

（4）男士右脚掌踏在左脚跟后面右转；女士左脚横步，走自己的直线。

（5）男士左脚横步（要注意有一定的力度感）；女士右脚交叉踏在左脚前，脚尖外开。

（6）男士右脚并脚（两腿间要有一定的吸力）；女士左脚横步，步距不要过大，注意右脚拧胯。

（五）右分展步

右分展步是伦巴舞常用的连接动作，在阿莱曼娜和右陀螺转后可以衔接这个动作。右分展后可接闭式扭胯转、螺旋转等动作（节拍1小节3步）。

（1）男士左脚横步稍前，右手扶着女士（腰有力度）；女士右脚后退，右脚转1/2周。

（2）男士重心移至右脚；女士重心移至左脚，向左转1/4周。

（3）男士左脚并右脚，手臂不可太高；女士右脚横步，向左转与男士合成闭式舞姿。

（六）螺旋步

一般用右分展步来衔接，也可从开式舞姿合成闭式接做左螺旋步，也可以接扇位步或艾伊达步型。

（1）男士（团式舞姿开始）左脚踏步，左转 1/8 周；女士右脚后退，右转 3/8 周。

（2）男士重心移向右脚；女士重心移至左脚，注意借助男士手腕子的力。

（3）男士开右脚，然后将重心移向左脚，节奏 4.1，男士引导女士旋转；女士右脚交叉踏在左脚前，以右脚掌为轴向左拧转，经与男士相对后再继续左拧转，从 3 到 4.1 共转 360° 后右脚交叉左脚前。

（七）开式扭胯转

开式扭胯转是从开式舞姿上开始，开式扭胯和闭式扭胯同样是女士要用双脚掌向左、向右拧动，带动胯的扭转，男士左手与女士右手握持，在旋转时要使其力配合得当方能使女士的旋转顺畅自然；女士要从男士引带中寻找旋转的动力。

（1）男士左脚前进（从开式位开始）；女士右脚后退身体放松而且有向上展的力。

（2）男士重心后移至右脚，节奏 3 时踩慢拍；女士左脚前进应向男性的稍右上步。

（3）男士节拍 4 时左脚向右脚并步，节拍 1 时，重心移至左脚，左手用小臂及手腕带女士扭胯转；女士节拍 4 时右脚前进靠近男士，节拍 1 时以右脚掌为轴，向右用力扭胯右转 1/4。

（4）男士右脚后退，保持身体正常舞姿；女士左脚前进，有一定的返身动作。

（5）男士重心前移至左脚；女士右脚横步，左转。

（6）男士右脚横步打开（全身动作协调）；女士左脚后退，这小节共转 5/8 周。

（八）阿莱曼娜

一般从扇形位连接，是一个较常用的舞步，也有一定难度，可以接开式、闭式、套锁式、手接手、点转（节拍 2 小节 6 步）。

（1）男士从扇位开始，左脚前进半重心；女士右脚掌向左脚并步，脚跟踏下拧胯。

（2）男士重心后移右脚，退步要小些；女士左脚前进，展示腿形的美。

（3）男士左脚并右脚，手过头成30°角；女士右脚前进靠近男士，不要超男士领带线，在1的后半拍（&）时略向右转（由于男士引带，眼对视）。

（4）男士右脚后退，步子要小些；女士以右脚为轴，向男左臂下转1/4周左脚在前。

（5）男士重心移至左脚；女士左脚为轴，继续右转1/4周，右脚前进。

（6）男士右脚并左脚，每次重心转换要清楚；女士左脚前进，右转1/4周成闭式。

三、伦巴舞初学者的注意事项

（1）做原地八字扭胯时，要注意重心移到两脚前脚掌，两腿内侧夹紧，每个动作要注意两脚充分压地，胯不要想着扭动，而是每一步都要想着主力腿胯做前、旁、后的运动。

（2）伦巴属四拍音乐，每拍之间的&用来下降压主力腿，这样下一拍的动作才会更饱满、有味道。一般练习时应以&2341读音乐，有助于41停顿后续力做好下一拍的动作。

（3）每拍过渡时的状态都是在两脚前脚掌，两腿都是直的，双脚踩地共同与反作用力对抗，注意不要直接从摆胯过渡到摆胯，没有双脚踩地的过程是脊椎晃动的主要原因。

（4）要以身体尤其是背部肌肉引领或发动，由身体带动胯再带动腿，身体是一个整体，眼要往远处看，上身挺直，给自己前面和后面都有很大的空间需要自己发挥的感觉。

（5）除了身体的姿态以外，拉丁舞的腿形和脚形也是影响拉丁味道的影响因素。做基本动作时，每次辅助腿出腿都要经过主力腿，不要图省事直接走到下一步位置。而且脚也要绷紧，后跟抬离地面，再出腿，相信拉丁的味道会更浓郁的。

（6）练习时要始终张着嘴，不要憋气，每四节一呼吸，4的时候吸气，多加练习有助于形成良好的呼吸感觉。

四、伦巴舞的技术核心

（一）发力与回力

动力源自于力量传递方式，必须遵循"脚随身动"原则。身体任何部位，任何状态的动力源均来自胯部摆动，只有遵循这一原则，才会形成"蛇摆尾"状的骨诺米牌效应，才会感受到类似杨丽萍孔雀舞效应。由腰胯发力产生脚部和手部的回力（反作用力）是这样形成的：（伦巴舞为例）右胯发力传至脚底—右脚底发力传至左手腕—左手腕引带力传至对方右手腕—对方右手腕回力传至左胯部—左胯部发力传至左脚底，瞬间完成引带与被引带的动作。

（二）保持下身垂直

胯部摆动效果通过脚的轨迹来实现（表现）。为了配合胯部的8字形摆动，在臀部紧缩前提下，脚趾应走内弧线，膝盖应向内扣，随动力腿重心移动到任何位置时，下身外侧始终与地面垂直，而且最大限度地向里凹，从而达到双重效果：慢节奏的动作造型美、动作的快节奏得以实现。

（三）上身的"反身"运用

"左脚向前（后）身往左（右）转，右脚向前（后）身往右（左）转"的反身动作，贯穿在包括扭秧歌在内的，所有行走奔跑的自然协调中。反身动作的这一自然协调，也是力量传递的需要，互为因果。胯部发力在上身的力量传递，必须通过反身动作来实现，只有通过反身动作的这一自然协调，并沿臂部渐次延伸到手指，才可能达到最协调的效应和最美的效果。

第二节 桑巴舞的形体美学研究

一、桑巴舞简述

桑巴舞起源于非洲，后来随着黑奴的贩运，到达了拉丁美洲，与印第安人的舞蹈相融合，从而形成了一种礼仪舞蹈。在之后的发展中，礼仪的特点逐渐消失，形成了一种"街舞"和"咖啡厅舞"。

桑巴舞在19世纪得到了长足发展，各大城镇都能发现它的身影，并形成了街舞和咖啡厅舞两大类。在巴西北部地区，几乎所有能够跳交际舞的咖啡厅内，人们都能感受到浓郁的桑巴风情。之后，桑巴舞成为最有影响力的巴西民族舞蹈，它的舞蹈风格洒脱随意，舞蹈动作摇曳多姿，舞曲中富于强烈的巴西特色，人们随着节奏的轻重变化，自然屈膝弹动，就如同林间的棕榈临风浮动，曲调旋律奔放，动作起伏多变，能够让人尽情地舒展和释放。

桑巴舞具有以下几种特点：

第一，桑巴舞本身具有的弹跳性。

第二，桑巴舞具有丰富的髋部韵律。

第三，桑巴舞的律动感非常强。

二、桑巴舞动作练习

桑巴舞是巴西的民族舞，极具活力，属于游走型舞蹈，跳跃性、律动感强，桑巴舞的音乐为2/4拍，其基本舞步动作如下。

（一）左进基本步练习

左进基本步是在闭式舞姿上左脚前进的基本步，舞步在重拍时脚掌平着前进或后退，在"a"时用脚掌行走。

（1）男士左脚前进，膝稍弯，手臂的高度与眼睛平；女士右脚后退，膝稍弯。

（2）男士右脚掌并左脚，膝稍伸直；女士左脚掌并右脚，膝稍伸直。

（3）男士重心移至左脚，膝稍弯；女士重心移至右脚，膝稍弯。

（4）男士重心仍在左脚，膝稍伸直；女士重心仍在右脚，膝稍伸直。

（5）男士右脚后退，膝稍弯；女士左脚前进，膝稍弯。

（6）男士左脚掌并右脚，膝稍弯；女士右脚掌并左脚，膝稍弯。

（7）男士重心移至右脚，膝稍弯；女士重心移至左脚，膝稍弯。

（二）右进基本步练习

右进基本步是在闭式舞姿上右脚前进的基本步，做法与左进基本步相同，只是进退的脚步不同。

（1）男士左脚后退，膝稍弯（闭式舞姿开始）；女士右脚前进，膝稍弯。

（2）男士右脚掌并左脚，膝稍伸直；女士右脚前进，膝稍伸直。

（3）男士重心移至左脚；女士重心移至右脚。

（4）男士右脚前进，膝稍弯；女士左脚前进，膝稍弯。

（5）男士左脚掌并右脚，膝稍伸直；女士右脚掌并左脚，膝稍伸直。

（6）男士重心移至右脚，膝稍弯；女士重心移至左脚，膝稍伸直。

（三）叉形步练习

叉形步是一脚叉在另一脚后的动作，在第2、第5步用脚掌踏地时，另一脚留在前面，脚尖下垂，其他步用脚掌自然地踏地。

（1）男士左脚横步；女士右脚横步。

（2）男士右脚尖点踏在左脚跟后交叉点；女士左脚尖点踏在右脚跟后交叉点。

（3）男士重心移至左脚，膝稍弯；女士重心移至右脚，膝稍弯。

（4）男士右脚横步；女士左脚横步。

（5）男士左脚尖点踏在右脚跟后交叉点；女士右脚尖点踏在左脚跟后交叉点。

（6）男士重心移回右脚；女士重心移回左脚。

（四）P.P.舞姿的桑巴走步练习

当需要变换舞姿时，先做叉形步。在做到第五步时，男士向左转90°，女士向右转 90° 即可变成 P.P. 舞姿。

（1）男士右脚前进（脚掌平进）；女士左脚前进（脚掌平进）。

（2）男士左脚脚尖向后退，左腿伸直后撑；女士右脚脚尖向后退，右腿伸直后撑。

（3）男士右脚向后拖退一小步；女士左脚向后拖退一小步。

（4）男士左脚前进；女士右脚前进（脚掌平进）。

（5）男士右脚脚尖向后退，右腿伸直后撑；女士左脚脚尖向后退，左腿伸直后撑。

（6）男士左脚稍向后拖一小步；女士右脚稍向后拖一小步。

（五）左转练习

左转是从闭式舞姿开始，这一步也属常用步型，可连接任何一个步型。

（1）男士左脚前进，稍左转；女士右脚后退，稍左转。

（2）男士右脚横步稍后，左转；女士左脚横步稍后，左转。

（3）男士左脚交叉前进在右脚前，左转；女士右脚并左脚（三步共转 3/8 周）。

（4）男士右脚横步斜后，左转；女士左脚前进，左转。

（5）男士左脚小横步，左转；女士左脚前进，左转。

（6）男士右脚并左脚，左转；女士左脚在右脚交叉，左转（再转 3/8 周，六步共转 6/8 周）。

（六）原地桑巴步练习

原地桑巴步是基本连接步，一般从闭式舞姿开始。

（1）男士左脚前进，小步；女士右脚前进，小步。

（2）男士右脚后退，伸直后掌，重心半移至右脚；女士左脚后退，伸直后掌，重心半移至左脚。

（3）男士左脚向右脚方向后拖一步；女士右脚向左脚方向后拖一步。

（4）男士右脚前进小步；女士左脚前进小步。

（5）男士左半腿后退，伸直后撑，重心半移至左脚；女士右脚后退，伸直后撑，重心半移至右脚。

（6）男士右脚向左脚方向后拖一小步；女士左脚向右脚方向后拖一小步。

（七）桑巴的旁步练习

（1）男士右脚前进，这一步可从 P.P. 位开始；女士左脚前进。

（2）男士左脚向旁横步，重心移一半，右转 1/4 周；女士右脚向旁横步，重心移一半，左转 1/4 周。

（3）男士右脚向左拖退一小步；女士左脚向右拖退一小步。

（八）影子位点滑步

影子位点滑步是桑巴舞中一个典型的步型，舞步从 P.P. 舞姿开始，男女舞伴用同脚旁做点滑步而相互左右错开的舞步。

（1）男士左脚前进，左转准备；女士右脚前进，右转准备。

（2）男士右脚向旁横步，重心移一半，向左转；女士左脚向旁横步，重心移一半，向右转。

（3）男士重心移至左脚，1～3 步共左转 1/4 周；女士重心移至右脚，1～3 步共右转 1/4 周。

（4）男士右脚前进，右转准备；女士左脚前进，左转准备，此时舞伴正处于交叠姿态。

（5）男士左脚向旁横步，重心移一半右转；女士右脚向旁横步，重心移一般左转。

（6）男士重心移至右脚，1～3 步共转 1/4 周；女士重心移至左脚，1～3 步共转 1/4 周。

三、桑巴舞的组合动作练习

（一）组合动作练习一

（1）开式位（男女保持一定的距离以相同的基本步起跳）。

（2）男桑巴前走步，女士原地叉形步，待男士到位后再做一次相同的叉形步。

（3）相对桑巴张力步一次——接划半圆变换方位。

（4）侧型旁点桑巴步 4 次。

（5）影位步 4 次——接交剪步可反复 2 次。

（6）弗尔塔点转 2 周——接 180° 转，接滚桶前行步 2 次。

（7）原地打开式的滚桶转 2 次——接前后基本步。

（8）桑巴左转——返回基本步。

（二）组合动作练习二

（1）相对原地桑巴步（准备步时男士右脚在后，女士左脚在后）。

（2）相对换位（男垫步向前，女士换位与男士成并肩位）。

（3）蟹步（转换时男士稍停留等女士到位再移动，蟹步移动时，重心应在前脚掌上）。

（4）影位最后一次时，引导女士旋转 2 周成闭式位。

（5）相对重心转换（节奏 SQQ SQQ SQQ SQQ）注意相互张力和每次 1/8 的角度变化。

（6）叉形变位步（由叉形转换成横排位，男士右手抓住女士的右手腕，手心向上）。

四、桑巴舞的动作技巧

（一）桑巴舞的弹跳技巧

桑巴舞是拉丁舞中有着特殊节奏的最令人激奋的舞蹈。桑巴舞最突出的特点是桑巴舞的反弹动作，是由于膝关节和踝关节的弯曲和伸直产生的，在桑巴舞动作中，膝关节和踝关节支持着大部分的重心。

桑巴舞在脚法上完全是脚掌着地，脚跟抬起不着地。步法上有弹跳性，体态上有摇曳感。步法上的弹跳性，即跳桑巴舞时，两膝随着强烈的音乐节奏一屈一伸，当慢步出脚时，膝部弯曲，第一个快步出脚时，脚掌着地，承受部分重心，另一条腿膝部伸直，身体同时向上有弹跳感，臀部也随之摆动。如同有弹性的物体，承受压力向下后，当去掉压力必然会反弹向上一样。体态上的摇曳感，即不少桑巴舞步都有左倾、中倒或前俯、后仰的姿态，有点儿模仿棕榈树随风摆荡，摇曳生姿，具有热带地区土风舞的鲜明风格。

（二）桑巴舞的摇摆技巧

桑巴舞的滚动和摇摆区别于其他四个拉丁舞种的胯部运动，充分地表现了桑巴舞固有的舞蹈特性。其明显的特征是：大部分动作完成时其重心脚的膝盖是弯曲的，在前进走步的过程中，胯位滚动的形式与倒踩自行车般轮子滚动形式相似；另外，摇摆形式也有别于伦巴舞和恰恰舞，胯位摇摆时重心脚膝盖是弯曲的，整个胯部要在重心脚上向前挤压之后才能做转动摇摆。

第三节　恰恰舞的形体美学研究

一、恰恰舞简述

恰恰舞是英文 Cha-Cha 的缩写，和伦巴舞一样，都是古巴的舞蹈。因此，这对姐妹舞种有着共同之处：一是男女舞伴握持及舞姿相同；二是舞步的律动有相同的髋部动作；三是舞步的名称相同，舞步结合可以通用。

恰恰舞名称非常好听，其节奏也比较欢快，配以邦伐斯鼓和沙球的"咚咚""沙沙"，备受年轻人的欢迎。恰恰舞在音乐上热情奔放，舞步上利落花哨，风格上诙谐俏皮。每个舞步都应在脚掌上施加压力，当重心放在脚上时，脚跟要放低，膝关节要伸直。恰恰舞是用稍离地面的踏步来表现心情的欢快。向后退步时，脚跟下落要比前进时晚，以免重心一下子"掉"到后面。正确的舞姿、稳定有力的腿部和足部动作是非常重要的。

二、恰恰舞动作

通常情况下，恰恰舞音乐的节奏是4/4拍，每小节4拍，重音要落在第1拍。恰恰舞的基本舞步有5步，步伐节奏为慢、慢、快、快、慢，慢步一拍一步，快步一拍二步。步法和音乐的关系是第一步踏在舞曲每小节的第2拍，第5步踏在舞曲下一小节的第1拍。

（一）基本动作

恰恰舞基本动作由 5 步组成，同伦巴舞一样第 1 拍是胯部动作，第 2 拍出步，重点表现在第 3 至第 5 步中，初学者学习步型时先不要加胯部动作。

1. 女士舞步

（1）右脚后退，步子稍小些，身体上展。

（2）重心移回左脚。

（3）右脚横步。

（4）左脚向右脚并步，踞脚跟，双膝稍弯。

（5）右脚横步，直膝。

（6）左脚前进。

（7）右脚原地踏一步。

（8）左脚横步。

（9）右脚向左并步，踏脚跟双膝稍弯。

（10）左脚横步，直膝。

2. 男士舞步

（1）左脚前进，先移重心不必出胯。

（2）重心移回右脚，两腿间有相互的吸力。动作不宜过大。

（3）左脚横步，横步时手臂、腿部动作一致。

（4）右脚向左脚并步，踏脚跟双膝稍弯。

（5）左脚横步，直膝。

（6）右脚后退。

（7）左脚原地踏一步。

（8）右脚横步。

（9）左脚向右并步，踏脚跟双膝稍弯。

（10）右脚横步，直膝。

（二）扇形步

扇形步式从闭式舞姿开始，男伴在基本步前半部分转 1/8 周，然后引导女伴左转，两人同时打开扇形位。

1. 女士舞步

（1）左脚前进，准备左转。身体相应地开始展开。

（2）右脚横步稍后，左转。身体继续反方向打开。

（3）左脚后退。

（4）右脚并左脚。

（5）左脚横步，稍前，体会男伴引导的张力。右手臂与身体成 90°。

2. 男士舞步

（1）右脚后退，右转 1/8 周。手臂划弧线向侧方向引导。

（2）左脚原地踏一步，身体左转 1/4 周。继续向里线引导。

（3）右脚横步。引导的手臂稍低放松，给女伴留出展示的时间，舞步应在一条线上。

（4）左脚并右脚，手臂在胸前向外展。节奏 & 的瞬间要快速找到两人的合力。

（5）右脚横步，稍前，打开成扇形步，眼睛与女伴对视。

（三）曲棍步

曲棍步是一个基础步型，一般在扇形位上开始做。

1. 女士舞步

（1）右脚向左脚并步，右脚掌，跟用力踏下，拧胯，左脚跟抬起，重心在右脚。并步应有两腿间的吸力。

（2）左脚前进。

（3）右脚前进。

（4）左脚掌踏在右脚后，注意手臂配合。

（5）右脚前进。

（6）左脚前进。注意出脚的速度要快，步子要尽可能小些，这样有利于音乐的协调。

（7）右脚前进。后半拍左转 1/2 周。

（8）左脚踏步，稍后，继续左转。

（9）右脚后退交叉在左脚前。

（10）左脚后退，直膝。

2.男士舞步

（1）左脚前进（扇位步开始）。左脚前进是半重心，注意上身的展示。

（2）右脚原地踏一步。

（3）左脚后拉。

（4）左脚并右脚，左脚后点步。

（5）左脚向右脚并步，手臂的动作不宜过大。

（6）右脚后退，略向右转。准备引导女伴前行。

（7）左脚原地踏，并向右转，与前一步共转 1/8 周，左手带领女伴在后半拍向左转，男伴向上拉线条

（8）右脚踏步。

（9）左脚掌并在右脚跟后。

（10）右脚前进，直膝。

（四）手接手动作

手接手动作是在合并步时两人相拉或相对的舞姿，由阿莱曼娜连接，也可接点转步、纽约步。

1.女士舞步

（1）右转 1/4 周，右脚后退，右手向旁打开。

（2）左脚原地踏一步，在后半拍时准备左转。

（3）左转 1/4 周，右脚横步，右手与男伴左手相拉。

（4）左脚向右脚并步。

（5）右脚横步，直膝。

（6）左转 1/4 周，左脚后退，右手与男伴相拉。

（7）右脚原地踏一步，后半拍准备右转。

（8）右转 1/4 周，左脚横步，双手与男伴相拉。

（9）右脚并左脚。

（10）左脚踏步，然后再反复右脚后退。

2. 男士舞步

（1）左转 1/4 周，左脚后退，左手向旁打开。与女伴成右肩并肩位，从后看呈 V 形，旋转时有肩引导和视点转换。

（2）右脚原地踏步，在后半拍时准备右转，后半拍重心全移到右脚掌上，留头、留肩、视点转换。

（3）右转 1/4 周，左脚踏步，左手与女伴右手相拉。

（4）右脚向左脚并步。

（5）左脚横步，直膝。

（6）右转 1/4 周，右脚后退，左手与女伴相拉。

（7）左脚原地踏一步，后半拍准备左转。重心全在前脚掌上，注意身体的垂直度和重心的稳定。

（8）左转 1/4 周，右脚横步，双手与女伴相拉。

（9）左脚并右脚。

（10）右脚横步，然后再反复左脚后退。

（五）右陀螺转

右陀螺转是从闭式舞姿开始的，做这个动作时女伴始终保持闭式舞姿，女伴运步过程中不可走到男伴的外侧，形成外侧舞姿。

1. 女士舞步

（1）左脚掌横步向右转，有肩部的引导和视点的转换。

（2）右脚在左脚前交叉，继续右转。

（3）同（2）的动作，继续右转。

（4）同（2）的动作，继续右转。

（5）同（2）的动作，右转 1 周完毕。

2. 男士舞步

（1）右脚掌踏在左脚后，脚尖向外，左脚掌向右转。成交叉步后，步子不要大。

（2）左脚横步，继续右转。在引导过程中注意应有展示女伴的意念，这就需要用眼睛的引导。

（3）同（2）的动作，继续右转。

（4）同（2）的动作，继续右转。应借上一小节旋转的动势。

（5）右脚横步，右转1周完毕。

（六）纽约步

1. 女士舞步

（1）左转1/4，右脚前进，右肩并肩位。

（2）左脚原地踏一步，后半拍准备右转。

（3）右转1/4，右脚横步。

（4）左脚并右脚。

（5）右脚横步，直膝，准备右转。

（6）右转1/4，左脚前进，右肩并肩位。

（7）右脚原地踏一步，后半拍准备左转。

（8）左转1/4，左脚横步。

（9）右脚并左脚。

（10）左脚横步，直膝。

2. 男士舞步

（1）右转1/4，左脚前进，左肩并肩位。闭式舞姿开始，左脚前进同时转体成叉形步，视点有90°转换。

（2）右脚原地踏一步，后半拍准备左转。

（3）左转1/4，左脚横步。

（4）右脚并左脚。

（5）左脚横步，直膝，准备左转。

（6）左转1/4，右脚前进，右肩并肩位。

（7）左脚原地踏一步，后半拍准备右转。

（8）右转1/4，右脚横步。

（9）左脚并右脚。

（10）右脚横步，直膝。

(七) 点转

点转是指动力脚交叉主力脚前面,以双脚掌为轴的转身,转动时重心主要在前脚,男女舞伴同时转。

1. 女士舞步

(1)左脚进右脚前交叉,脚跟离地,双脚掌为轴右转,重心偏向左脚,注意视点转换。

(2)继续右转,重心在右脚。

(3)右转1周完成与男伴相对,左脚横步。

(4)右脚并左脚。

(5)左脚横步,胯部的动作是腿部经过超伸放松后的自然结果。

2. 男士舞步

(1)右脚进左脚前交叉,脚跟离地,双脚掌为轴左转,转时重心偏右,右肩引导。

(2)继续左转,重心在左脚。

(3)左转一周完成与女伴相对,右脚横步。

(4)左脚并右脚。

(5)右脚横步,这一步是上一步所蓄积的力。

第四节　牛仔舞的形体美学研究

一、牛仔舞概述

牛仔舞也称捷舞,起源于美国,由吉特巴得以发展。吉特巴原是美国西部牧人跳的一种带有跳跃性动作的舞蹈。在第二次世界大战期间,美国士兵将吉特巴带到了英国,使英国的社交舞有了较大的改变,同时,也确立了其在社交舞中的位置。

牛仔舞的音乐节奏快速且有跃动感,令人兴奋不已,舞蹈动作豪放,其强烈地扭摆和连续快速地旋转使人目不暇接、眼花缭乱。舞蹈中有举持和拖甩舞伴等动作，以表现牧人强健的体魄和自由奔放的情感。

牛仔舞的音乐节拍为 4/4 拍，牛仔舞具有欢快的音乐、风趣的舞态和活泼轻盈的步伐等特点。

二、牛仔舞动作练习

（一）停和走

停和走是一个男士带领女士做两次旋转而当中有个短暂停顿舞姿的动作。从开式舞姿开始。

1. 女士舞步

（1）右脚后退。

（2）左脚原地踏一步。

（3）右脚横步左转。

（4）左脚向右脚半并步，继续左转。

（5）右脚前进，在后半拍时快速左转，与男士并排成右肩并肩位。

（6）左脚后退（舞姿形成短暂停顿）。

（7）右脚原地踏一步。

（8）左脚大横步向右转身。

（9）右脚向左脚半并步，继续右转。

（10）左脚小步后退，旋转完毕。

2. 男士舞步

（1）左脚后退。

（2）右脚原地踏一步。

（3）左脚前进，左手抬起，引导女士左转。

（4）右脚向左脚半并步。

（5）左脚前进，带女士转至背对自己，左手放至女士身前，右手放至女士腰部。

（6）右脚前进，将女士稍向后带。

（7）左脚原地踏一步，左手向上带，右手前送引导女士向前。

（8）右脚向后退一小步，左手上抬送女士转身。

（9）左脚交叉并右脚，带女士继续右转。

（10）右脚小步后退，恢复开式舞姿。

（二）左向右换位舞步

1. 女士舞步

（1）右脚后退。

（2）左脚原地踏一步。

（3）右脚前进准备左转。

（4）左脚向右脚半并步，准备左转。

（5）右脚为轴，后半拍时快速向左转身，与男士相对。

（6）左脚后退。

（7）右脚向左脚半并步。

（8）左脚后退。

2. 男士舞步

（1）左脚后退。

（2）右脚原地踏一步。

（3）左脚掌横踏，左手抬起准备带女士转身。

（4）右脚向左脚半并步，带女士左转。

（5）左脚横步。

（6）右脚前进。

（7）左脚向右脚半并步。

（8）右脚前进。

（三）鸡行步舞步

1. 女士舞步

（1）右脚前进，脚尖外开。

（2）右脚掌向左拧，左脚前进，脚尖外开。

（3）同第（1）步。

（4）同第（1）步。

（5）同第（1）步。

（6）左脚向男士前进。

2.男士舞步

（1）左脚后退。

（2）右脚后退。

（3）左脚后退。

（4）右脚后退。

（5）左脚后退。

（6）右脚后退。

（四）美式疾转

美式疾转主要是由男士的推动使女士在第5步的后半拍做一次向右的快速旋转1周。这个动作可接在右向左换位或左向右换位后面做，但女士应换成右手握男士右手。

1.女士舞步

（1）右脚后退。

（2）左脚原地踏一步。

（3）右脚前进。

（4）左脚向右脚后退一小步。

（5）右脚前进，脚掌为轴，在后半拍时快速右转1/2周。

（6）左脚横步，继续右转1/2周。

（7）右脚向左脚半并步。

（8）左脚横步。

2.男士舞步

（1）左脚后退。

（2）右脚原地踏一步。

（3）左脚进一小步。

（4）右脚向左脚半并步。

（5）左脚前进，右手腕推女伴手，使其在后半拍时旋转。

（6）右脚小横步。

（7）左脚向右脚半并步。

（8）右脚横步。

（五）倒步抛掷

抛掷这一动作是指男士推动女士，使其经过自己的身前向另一方向甩开的动作。

1.女士舞步

（1）左脚前进。

（2）右脚横退，左转。

（3）左脚经男士身前向前进。

（4）右脚横步。

（5）左脚原地踏一步。

（6）右脚后退。

（7）左脚前进。

（8）右脚向左脚半并步。

2.男士舞步

（1）右脚前进。

（2）左脚横步，右手轻推女士，左手向外带领，将女士从身前向左边甩出。

（3）右脚向左脚半并步。

（4）左脚横步。

（5）右脚原地踏一步。

（6）左脚后退。

（7）右脚前进。

（8）左脚向右脚半并步。

（六）连步绕转

连步绕转由两个动作组成：连步是由开式到闭式的连接步；绕转是在闭式舞姿上的原地转，互相绕转。

1. 女士舞步

（1）右脚后退。

（2）左脚原地踏一步。

（3）右脚进一小步。

（4）左脚向旁小横步。

（5）右脚向男士双脚间前进，合成闭式舞姿。

（6）左脚向男士右侧前进。

（7）右脚向男士双脚间前进。

（8）左脚横步。

（9）右脚向左脚半并步。

（10）左脚横步。

2. 男士舞步

（1）左脚后退。

（2）右脚原地踏一步。

（3）左脚进一小步。

（4）右脚向左脚半并步。

（5）左脚斜前进，与女士合成闭式舞姿。

（6）右脚掌交叉踏在左脚后。

（7）左脚横步。

（8）右脚小横步。

（9）左脚向右脚半并步。

（10）右脚横步。

三、牛仔舞的组合动作

（一）组合动作一

（1）并退基本步。

（2）右至左换向步。

（3）左至右换向步。

（4）连接步。

（5）侧行走步（慢）。

（6）侧行走步（快）。

（7）3～8右至左换向步。

（8）左至右换向步。

（9）背后换手步。

（10）连接步。

（二）组合动作二

（1）并退基本步。

（2）右至左换向步。

（3）左至右换向步。

（4）连接步。

（5）绕转步。

（6）侧行走步（慢）。

（7）侧行走步（快）。

（8）3～8右至左换向步。

（9）美式旋转步。

（10）左至右换向步。

（11）背后换手步。

（12）左至右换向步。

（13）连接步。

四、牛仔舞的动作要点

（一）牛仔舞的弹性

不在于往上跳，而在于产生"自由落体"般的下降产生的弹性。牛仔舞的弹性不是向上弹，而是向下。

（二）牛仔舞的重拍在双数，跟桑巴舞一样

牛仔舞在拉丁美洲舞中是历史最年轻的舞蹈，发源自美国，经由膝盖、腿脚、臀部来表达舞蹈的特性，运用追并步的技巧表达牛仔舞也是非常重要的。追并步可以踢脚、甩脚、正常追并步、转动等方式表达。转动是另一重要的项目，转动除了舞蹈时舞伴间彼此互绕舞蹈外，舞者还须了解个人的转动技巧，以自身肢体来呈现与运用出转动技巧。

（三）如何跳出有胯部摆动的牛仔舞？

这要从我们的舞蹈是不是具有跟地板的压力来检视。牛仔舞要有很好的弹力，但是大家往往会只注重弹力而把最基础要领"跟地板的关系"这一点给忽略了。牛仔舞的重拍是第2和第4拍，并且是向上弹的拍子，却不是通常舞蹈的第1拍，但是想要有好弹力的第2和第4拍，第1拍的压力却是最重要的。

第五节　斗牛舞的形体美学研究

一、斗牛舞简述

斗牛舞起源于西班牙，是用西班牙斗牛士风格的进行曲来伴奏的一种拉丁舞，舞步也源自西班牙舞蹈风格的动作，其音乐雄壮威武，舞蹈风格阳刚味十足。西班牙的每一个地方都是用斗牛舞代替行军舞。舞蹈中男士代表斗牛场上的斗牛士，女士代表斗牛士手中艳丽的红斗篷。舞蹈中保持着一种英武、敏捷、自豪的姿态，展现舞者的斗志跟威武精神。

斗牛舞没有胯部的扭动动作，脚步干净利落。作为拉丁舞中唯一表现男性的舞蹈，斗牛舞的风格彪悍兴奋，音乐雄壮威武，舞步奔突迸发，是拉丁舞中比较受欢迎的一个舞种。

二、斗牛舞动作练习

（一）基本动作

1. 女士舞步

（1）左脚后退。

（2）右脚后退。

2. 男士舞步

（1）右脚前进。

（2）左脚前进。

以上动作反复做，共跳 8 步形成向左行进的弧线。

（二）原地踏步

1. 女士舞步

（1）左脚掌原地踏下。

（2）右脚掌原地踏下。

2. 男士舞步

（1）右脚掌原地踏下。

（2）左脚掌原地踏下。

以上动作反复做，可连跳 4 步。

（三）左追步

左追步也称左并合步，是右追步的反向动作。准备时站立闭式舞姿，男伴面对墙壁，女伴背对墙壁。

1. 女士舞步

（1）左脚掌原地踏步。

（2）右脚横步。

（3）左脚并右脚。

（4）右脚横步。

2. 男士舞步

（1）右脚掌原地踏步。

（2）左脚横步。

（3）右脚并左脚。

（4）左脚横步。

（四）右连步

右连步从站立闭式舞姿开始，男伴面对中央，女伴背对中央。

1.女士舞步

（1）左脚掌向左横步。

（2）右脚并左脚。

2.男士舞步

（1）右脚掌向右横步。

（2）左脚并右脚。

第3、4步与复第1、2步的动作相同，只要重复练习就好了，一般连续跳4步即可。

（五）攻进步

站立闭式舞姿，男伴面对中央，结束时男伴背对舞程线。

1.女士舞步

（1）左脚原地踏步。

（2）右脚后退一大步，后半拍时左转1/4周。

（3）由男伴带领做与男伴相反的动作。

（4）右脚收回并步。

2.男士舞步

（1）右脚原地踏步。

（2）左脚前进一大步，左手轻推女伴，后半拍时左转1/4周。

（3）右脚向旁大步滑出，屈膝成大弓步，左脚直腿旁伸，左臂向外划弧旁伸，与腰同高，身向左倾斜。

（4）左脚收回并步。

（六）推离步

推离步从站立闭式舞姿开始。

1. 女士舞步

（1）左脚原地踂步，右手下放至腰部。

（2）右脚借男伴推势后退一大步，膝稍弯。

（3）左脚小步后退，渐渐直膝。

（4）右脚向左脚并步，直膝。

（5）左脚前进小步。

（6）右脚前进小步。

（7）左脚前进小步。

（8）右脚前进小步。

2. 男士舞步

（1）右脚原地踂步，左手下放至腰部。

（2）左脚前进一大步，左手前推女伴（不放开手），右手放开，使其后退。

（3）右脚向左脚并步。

（4）左脚原地踏步与女伴成开式舞姿。

（5）右脚原地踏步。

（6）左脚原地踏步。

（7）右脚原地踏步。

（8）左脚原地踏步。

（七）突刺换步

突刺换步对节奏有一定的要求，它必须在很快的节奏中变换舞步和变换舞姿，有一种坚定的突刺气势和敏捷的风采。

1. 女士舞步

（1）左脚原地踏步。

（2）右脚向旁迈步，右转 1/8 周成 P.P. 倒步。

（3）左脚在 P.P. 位上前伸，脚尖外缘点步，无重心。

（4）左脚回向右脚并步，左转 1/8 周成闭式。

（5）右脚后退，右转周，成 P.P. 倒步。

（6）左脚向右脚并步，左转 1/8 周成闭式。

2. 男士舞步

（1）右脚原地踏步。

（2）左脚向旁迈步，左转 1/8 周成 P.P.。

（3）左脚在 P.P. 位上前伸，脚尖外缘点步，无重心。

（4）右脚同向左脚并步，右转 1/8 成闭式。

（5）左脚后退，左转 1/8，成 P.P. 倒步。

（6）右脚向左脚并步，右转成闭式。

三、斗牛舞的动作练习技巧

（一）角色带动动作练习

在跳斗牛舞时女士是披风或是牛，当女士是牛的步子时两方眼神是互看且有那种互不相让的感觉，而动作当然是肩膀和背肌要往后拉，而骨盆向前且不凸小腹，维持身体的稳定和稳重的感觉，而骨盆向前推通常是向你的左边或是右边，不是向你的正方，既然骨盆往前上半身要维持稳定就会尽量向后拉，所以头要保持身体平衡就会呈现较向下的感觉，如果男女士身高有差异的话不能用压缩上半身长度来表现，尽量以腿部的弯曲来补足。

因此，跳斗牛舞要保持一种气势，因为要和野牛搏斗，所以，不能随随便便的，要始终有一种自豪感和自信心，要符合我们前面所说的斗牛舞的风格。现在很多人跳斗牛舞的时候，给人的感觉是萎靡不振，这样跳斗牛舞是非常难看的，只能说明舞者只是学会了舞步，对于斗牛舞的风格特点一点儿都不懂。

（二）舞蹈动作技巧练习

1. 身体姿势方面的技巧

斗牛舞不同于其他的拉丁舞，是以男士为表现主体的一种舞蹈，所以女士的步子高度不能超过男士，而要有互相凝视的感觉，男士就会有点儿微微向下看的感觉，女士就会相对地微微向上看。而头部通常也是在左或在右，比较不会在正中间。所以所谓的头往上扬不是真的把头抬起来看，是说身体的向后拉使上半身会挺起来，头相对于身体是较向下但整体上看起来会比较挺且有拉起来的感觉。

2. 手上的摆动技巧

另外就是手的摆法，斗牛舞的肩膀是延伸到手轴的概念。因此肩膀到手轴尽量不要有起伏，就像你拉的一件披风不能掉下来，手的摆动不能太僵硬，摆动的感觉像是在拉披风。女士像是在拉裙子，两个人跳的相对位置比较像是平行的感觉，还有脚步不要走成平常在练习的基本步，当普通走路就好了，不要去拉脚背，身体的移动尽量不要使身体高低起伏。

3. 动作节奏与配合技巧

斗牛舞是表达斗牛场上斗牛士挥动斗篷勇猛、机智地与野牛搏斗的壮观场景的舞蹈。斗牛舞采用西班牙风格的进行曲伴奏，它那鲜明的强弱节奏和雄壮有力的旋律，烘托出斗牛场上激奋的情绪。在跳斗牛舞时，男士必须保持一种强壮英武的姿态，脚部动作要坚实有力，膝盖要稍稍弯曲，这样便于控制腿部的动作。所有的舞步、手臂动作的配合、身体的转动要刚劲有力，发力要快，收力要坚决，要在一刹那间停得住，特别强调膝部和脚部的力量。

跳斗牛舞，动作按照节奏跳的同时，也要和音乐的情绪配合好，双臂张开的时候，要像撑开一个斗篷的感觉，要力灌双臂，双臂上要保持着很大的力量才行。虽然手里什么也没有，但是双臂上已经充满了内力——由内向外扩散出来的力量，似乎要用力撑着斗篷一样。同时，胯要始终稍微向前顶，重心保持在前脚掌上。而且，胯经常是向一侧的侧前方顶出。很多人学斗牛舞时，这个要领老师肯定说过，不过，很多人并没有领悟，所以跳出来的姿态感觉都是错误的。在出步移动身体的时候，胯向前顶出的姿态始终不能变。有些人虽然懂得斗牛舞的姿态是胯稍微前顶，原地步的时候还对，但是，只要一开始出步移动身体，胯前顶的感觉就没有了，姿态错误，架子散了。有的严重的不但胯不向前顶，甚至向后撤屁股，那就一点斗牛舞的感觉都没有了。所以，斗牛舞中胯向前顶是斗牛舞最重要的标志性动作，必须注意。

第六章　其他体育舞蹈的形体美学研究

第一节　瑜伽的形体美学研究

一、瑜伽概述

瑜伽的起源可以追溯到很久以前的史前文明时期，而据可查的考古研究表明，公元前3000年，在人类文化历史上便出现了瑜伽的雏形。公元前500年，随着农耕文化兴起，印度阿里西人在祭祀时曾用多种方法用来统一和集中精神，这有可能是瑜伽的开始。在古代印度，瑜伽是一种秘术，因此没有被记载下来或者公开内容给公众观看，现代人们所看到的古代瑜伽是宗教领袖或瑜伽老师以口述的方式代代相传下来流传至今的。

随着越来越多的普通人接触到瑜伽并参与到瑜伽练习中去，瑜伽运动就开始被作为数论派哲学及其他一些学派的修行方法来进行传承，然后逐渐由一个原始的哲学思想发展成为一种关于人体的修行法门。最初，瑜伽是通过修炼者的言传身教得到完整的继承和发展的，现代瑜伽与人们的生活相联系，不仅开设有瑜伽学校、出版了瑜伽书籍，还派生出许多新形式的瑜伽练习，如水上瑜伽、办公室瑜伽、亲子瑜伽等。

瑜伽传入中国是在公元4世纪左右，唐代就已经出现"瑜伽"一词。瑜伽行派出现在印度大乘佛教时期的中后期，这一时期唐玄奘正好前往印度，其归国后创建了唯识宗，理论思想根基主要来源于印度瑜伽行派。发展到现代，在我国，瑜伽已经不仅是一种生活方式，还是一门正确生活的科学，关系到人们每天的生活，对人体的生理、精神、情感等各个方面都起着良好的作用。

瑜伽是一项形式变化多样、动作舒缓优雅、健身效果显著的运动项目，通过瑜伽锻炼，不仅能够增强身体素质、提高免疫力，有效防病治病，塑形健美，而且还能够为身体提供一定的能量，达到放松身体、缓解压力的效果。

二、瑜伽基本技巧

瑜伽健身必须掌握正确的技巧，否则不但不会取得理想的效果，反而影响身心受益，严重者还会对身体造成伤害。这里重点对瑜伽运动的可以保留几种技巧进行分析。

（一）瑜伽呼吸

瑜伽健身的呼吸技巧有很多种，对于瑜伽初学者来讲要根据实际的需要来选择。

1. 自然呼吸

在瑜伽练习中，自然呼吸法主要是指身体在无意识的状态下进行的呼吸。自然呼吸是一种人的最基本的呼吸状态，它不仅能够引起个体腹部的自然起伏，而且还能够将能量在体内的流动很好地表达出来。

2. 口呼吸

通过口部进行呼吸的方法，就是所谓的口呼吸。通过口呼吸，能够起到增强个体的肺活量，集中能量，刺激精神系统的作用。为了保证掌握的呼吸方法的正确性，在初学者练习时，可以在吸气时用两手拇指按鼻子两侧辅助以做出正确的呼吸动作。口呼吸方法具体如下。

（1）吸一口气，口充满气。

（2）仰头，屏气，低头，停住。

（3）抬头，松开拇指，用鼻孔呼气。

3. 喉呼吸

瑜伽的呼吸观认为喉呼吸是瑜伽练习者的第二天性。呼气和吸气过程中，感觉气流轻轻地擦过喉管后部。具体方法如下。

（1）采用坐姿，背部挺直，脊柱拉伸。放松身体，但不能过于懒散，目光焦点朝下或闭上眼睛。

（2）嘴巴闭合，注意力放在呼吸上来，用双鼻孔慢慢吸气，收缩喉头，关闭部分声门。做正确时，会听到像"萨"的声音，这是一种轻柔而响亮的体内共鸣，从喉部响至心脏处。

（3）嘴巴闭合，把注意力转移到喉部，用双鼻孔慢慢呼气，收缩喉头，关闭部分声门。做正确时，会听到像"哈"的声音，从心脏响至喉部。

4.锁骨呼吸

瑜伽的锁骨呼吸是指瑜伽修持者将注意力集中于锁骨部位，锁骨呼吸能彻底净化和增强肺部，对于进一步形成全肺呼吸是较为有利的。在呼吸过程中，感受锁骨的起落和胸腹的收缩。具体呼吸方法如下。

（1）将双手放于锁骨两侧，放松，不要给身体施加任何压力。

（2）吸气，保持腹部和胸廓始终处于收缩状态，感觉双手被锁骨推起。

（3）呼气，让腹部和胸廓继续保持收缩，感觉双手和锁骨慢慢回落。

（4）吸气四拍，呼气四拍。

5.胸式呼吸

瑜伽胸式呼吸，又称肋间肌呼吸，是人体自然呼吸的一种主要方式。在瑜伽练习时，任何瑜伽坐姿或仰卧放松功都可以进行胸式呼吸练习。胸式呼吸能够使腹肌肌力增强，同时还能镇静心脏，净化血液，改善血液循环。具体呼吸方法如下。

（1）双手放在体前躯干第十二肋的两侧，放松，不要给身体施加任何压力。骨盆保持中立位。

（2）缓缓收缩腹部，慢慢吸气。在保证腹腔壁内收的前提下感觉胸廓下部升高并向两侧推出。

（3）腹腔壁持续内收，呼气。

（4）整个呼吸过程中要始终保持腹部的收缩状态，感觉肋骨像手风琴那样向两侧扩张和收缩。

（5）吸气四拍，呼气四拍。

6.腹式呼吸

瑜伽腹式呼吸，又称"横隔呼吸"，是所有的瑜伽呼吸技巧中最安全有效的呼吸练习。实践证明，腹式呼吸不仅可以调节练习者的循环系统、呼吸系统、压力系统，还可以按摩腹部器官，促使内脏腺体正常分泌激素。多种优势集于一身，使其成为最适合瑜伽练习初学者使用的呼吸方式。呼吸方法具体如下。

（1）双手放在脐部，不要给身体施加任何压力。吸气时，感觉气沉肺底，横膈下沉，这个下沉连带腹内脏器下沉。把空气直接吸向腹部，肋骨向外和向上扩张。

（2）呼气，横膈渐渐复位，小腹回落。要慢慢地、深深地呼吸，肋骨向下并向内收。体内空气将呼尽时，双手微向下施压。

（3）吸气四拍，呼气四拍。

7. 全肺呼吸

瑜伽全肺呼吸，也被称为"完全式呼吸"，是将横膈、肋间肌和锁骨三种呼吸技巧结合起来的瑜伽呼吸。全肺呼吸能够使体内所需的氧气得到有效的交换，体内废气物的排泄加强，肺活量和耐力增强，同时，还具有按摩内脏、减慢心率、滋养身体、平稳心率、清澈心境的作用。呼吸方法具体如下。

（1）吸气，使小腹隆起，继续吸气至肋骨扩张，保持体征，放松肺上部吸气，吸气时，把空气吸入到肺的底部，腹部区域起胀，然后空气充满肺的中部、上部，锁骨上推，稍耸肩。从腹式呼吸过渡到胸式呼吸。

（2）呼气，肩放平，锁骨下移，肋骨回缩，小腹内收并上提。按相反的顺序，首先放松胸部，然后放松腹部，把气吐尽，然后有意识地向内收紧腹肌，收缩肺部。

（3）吸气四拍，呼气四拍。

8. 黑蜂呼吸

瑜伽黑蜂呼吸，是指瑜伽练习者在呼吸过程中，感觉上颚和头部正中有一根空心管子，鼻腔同这根管子共鸣，发出平稳的黑蜂的"嗡嗡"声音的呼吸方式。通常情况下，可以将黑蜂呼吸安排在冥想或睡前进行练习。黑蜂呼吸能给大脑提供一定的声波按摩，具有缓解失眠、焦虑和精神压力的作用。呼吸方法具体如下。

（1）以完全式瑜伽呼吸结合喉呼吸，吸气，发出打鼾的声音。

（2）呼气，在共鸣状态下发出平稳的"嗡嗡"的声音。

9. 净化呼吸

瑜伽净化呼吸是净化人体废气，带走身体废物的最佳呼吸，具有增强血液内的含氧量，净化和加强呼吸系统的作用。呼吸方法具体如下。

（1）采用站姿，双脚分开，与髋同宽。以完全瑜伽呼吸，用鼻子慢慢吸气。

（2）完全闭口，屏息4秒钟左右。

（3）用嘴呼气，将嘴唇压在牙齿上，留下一条小缝隙，使气体尽力通过狭窄的缝隙中呼出，直到彻底呼尽。

（二）瑜伽冥想

瑜伽冥想有着较多的种类，每种冥想方式都有其各自的特点，具体如下。

1. 祈祷

祈祷是瑜伽冥想的一种，是一种渴望神圣的冥想，是净化心灵的重要方式。在祈祷练习中，练习者必须完全进入冥想的状态。

2. 沉思

沉思是每个人都会做的一种深度思考行为。当瑜伽练习者陷入沉思状态后，他对于某一件事物就不只能看到表面，还会剥离事物的外表而看到事物的本质。当练习者在精神上与这些事物融为一体时，就进入了冥想状态。

3. 呼吸冥想

呼吸冥想时，练习者可通过想象、看到和感受气体在鼻尖鼻孔呼出呼入或者腹部的鼓起和收缩，将意念专注于呼吸，进而慢慢地进入冥想状态。

4. 梵文冥想

瑜伽梵文冥想过程中，要求练习者通过默念瑜伽语音，在脑海里思索这些语音，或者听录音，或者可以大声唱诵进入冥想状态的方法。练习中，应特别注意将注意力集中到听觉器官上，做到全心聆听和感悟。

5. 移动冥想

瑜伽的移动冥想是指练习者将注意力放在身体上来进入冥想状态的方法。对于练习者而言，可以选择将注意力完全放在身体的某种姿势带来的感觉上，以此作为使身心获得舒适状态的行为。这种方式简便易学，较容易体会到其中的奥妙，因此更加适合初学者或性格较为活跃的练习者。在身心修持的练习中，瑜伽体位法、太极拳等都属于移动冥想。

6. 意念冥想

瑜伽意念冥想是练习者通过意念的引导而进入冥想状态的一种有效方法。这种意念的引导可以是自我意念，也可以根据教练的引导词逐渐进入冥想状态。在意念冥想练习中，需要特别注意意念的引导要适当结合个性进行，冥想一些与性格相反的场景对冥想效果更加有利，性格豪放者应想象小桥流水、雨巷丁香等细腻的景象，多愁善感者应想象大海群山、雪野草原等辽阔的景象。

（三）瑜伽收束

收束法是瑜伽术中的一种封锁法，从梵文中翻译过来也被译作"锁"。瑜伽练习时，通过把调息获得的生命之气或身体能量密封起来，为身体提供养分、增加活力。

1. 收腹收束法与横膈锁

收腹收束法与横膈锁有着非常重要的健身作用，尤其是可防止脂肪在腰腹部的堆积，可对女性人群的身材美起到良好的影响作用。具体练习如下。

（1）准备动作为山立功站姿。两脚分开，略比肩宽；从腰部向前放松弯曲的身体，双膝微微弯曲；双手指尖向内相对并支撑于膝部，可稍弯双肘用双臂支撑上半身，尽量放松胸腹。

（2）使用完全呼吸调整的方式，吸满气后彻底呼气，尽量将肺腔内的空气呼尽，感觉肚脐贴向脊柱。停止呼气后，鼻孔迅速再短促喷气几次，使双肺中不存积气。

（3）外悬息，做胸式模拟呼吸的吸气动作，感觉要将所有内脏从口中吐出。

（4）腹肌内收上提，保持姿势2秒。

（5）将腹肌有控制地用力向下向外推放，然后腹部复原。收功或持续外悬息，重复3~5次。

（6）慢慢站直，用鼻孔做有控制的完全瑜伽吸气。稍休息后，重复3次。

2. 收颔收束法与颈锁

在瑜伽学练中。收颔收束法作为单独教学或练习时通常放在冥想前进行，做调息和其他收束契合功法时通常配合颈锁一起练习。该收束法有助于减缓心跳，按摩甲状腺和甲状旁腺，减轻身心压力，安宁身心和控制体重。具体练习如下。

（1）采用全莲花坐、至善坐或其他任何一种瑜伽坐姿。

（2）双手采用轻安自在心式放在双膝上，双眼闭合或90%闭合。

（3）采用完全瑜伽呼吸，吸/呼足气后做内悬息或外悬息。

（4）挺直双肘，双手将双膝紧压在地面上，在双肩稍向前向上耸起，同时头部前弯，下巴紧贴锁骨。保持姿势直至不能舒适地悬息为止。

（5）放松双手、双肩和双臂，慢慢抬头。头伸直时，再次呼/吸气（外悬息之后开始练习的学员慢慢吸气；内悬息之后开始练习的学员慢慢呼气）。

3. 会阴收束法

会阴收束法有助于防止和治疗便秘、痔疮；保持精力，使生殖腺体重获活力，引导或控制性欲。以强式会阴收束为例，具体练习如下。

（1）这个会阴收束法包含有身与心两方面的因素，但对生殖器与肛门之间的区域，即会阴部位，施加强大的身体压力并加以收缩是其重点所在。

（2）开始：按至善坐打坐，一定要让你的脚跟紧紧顶住会阴。

（3）闭上两眼，放松。保持背部伸直。

（4）悬息，用力收缩会阴。

（5）同时，试图观想脊根气轮收缩的"触发点"。

（6）尽量长久地保持收缩的时间。放松，恢复呼吸。

（7）这就完成一个回合的强式会阴收束法。这里需要强调的是，不论何时只要有机会，都可以做尽量多的次数。

（四）瑜伽契合

瑜伽契合法，又称"象征式"或"程式法"，由特定的瑜伽姿势、调息术、收束法和某些集中注意力的方法等组合构成。常见的契合法主要有以下几种。

1. 手指契合法

手指契合是一种可以引导身体能量流动的练习，在瑜伽练习中，不同的手势代表不同的释义。一般来说，主要有以下三种瑜伽契合手势。

（1）双手合十：双手掌心相对，代表平衡、调和、完美、有始有终，意译为衷心祝福、万事如意。在做这个手势时，练习者常会说一句"南无思代（NAHASTE）"（梵文意为对对方由衷的尊敬）；双手掌心向上，拇指在上相互交叠，其余手指在下相互交叠，男士右指在上，女士左指在上。

（2）韦史努手势：拇指、无名指和小手指伸直，食指和中指折起。

（3）楼德罗手势：拇指、食指和中指伸直，无名指和小指折起。

2. 胎息契合

胎息契合能使人反观内视、形成制感、消除紧张，使心灵宁静。具体练习如下。

（1）左脚跟抵肛门，右脚跟抵会阴，以完全瑜伽呼吸吸气，内悬息。

（2）拇指抵住耳郭内凸起部位，向内推，封闭听觉；食指放在两上眼睑上，向外侧拉，封闭视觉；中指抵在两鼻孔上，向内推，封闭嗅觉；两无名指放在上唇两旁，两小指放在下唇两旁，向两侧拉，封闭嘴巴。

（3）在舒适的姿势下，保持悬息，当悬息快要达到极限时只打开鼻孔，缓慢、彻底地呼气。

（4）其他手指不动，用完全瑜伽呼吸吸气，然后用中指封闭住双鼻孔。

3. 乌鸦契合

在印度，乌鸦历来被人们奉为神的使者。因此，乌鸦在印度有着较高的"地位"，许多人或物都会以模仿乌鸦的形态存在。乌鸦契合练习可以防止和消除疾病、刺激消化液分泌、镇静神经系统、控制体温。具体练习方法如下。

（1）采用任何瑜伽坐姿或山立功开始。

（2）收缩双唇，聚拢成一个狭窄的圆形小孔。

（3）通过双唇聚拢成的小孔做完全瑜伽呼吸，感觉空气进入身体，身体各部位有清凉之感。

（4）闭合双唇，用鼻子缓缓地、彻底地呼气。

4. 大契合

瑜伽修持者认为大契合对于生命能量的上行和身心的安定是有帮助的。除此之外，它的作用还体现在改善痔疮、便秘和消化不良等疾病等方面。具体练习方法如下。

（1）双腿并拢，向前伸直。

（2）坐在左脚跟上，左脚跟紧堵肛门，收缩肛门。

（3）挺直腰背，向前伸展，右腿伸直，用两手抓住右脚的大脚趾。

（4）采用完全瑜伽呼吸法吸气，内悬息。同时头向上抬起或垂下，下巴紧抵锁骨，收缩会阴。

（5）在舒适的限度内，保持长久的悬息后慢慢呼气，抬头，伸直腰背。

（6）交换体位练习。

三、瑜伽动作与体位

（一）瑜伽坐姿训练

1. 简易坐

（1）以直腿并腿坐为预备姿势，坐在地上或垫子上。

（2）两腿向前伸直，弯起右小腿，把右脚放在左大腿之下，弯起左小腿，把左脚放在右大腿之下。

（3）双手放在两膝之上，头，颈和躯干都应该保持在一条直线上，而毫无弯曲之处。

2. 半莲花坐

（1）以直腿并腿坐为预备姿势，坐在地上或垫上。

（2）两腿向前伸直，弯起右小腿并让右脚脚板底顶紧左小腿内侧，弯起左小腿并把左脚放在右大腿上面。

（3）尽量使头、颈和躯干保持在一条直线上，以这个姿势坐着直至感到极不舒服，然后交换两腿的位置，继续再做下去。

3. 莲花坐

（1）先做坐下的姿势，坐在地上或垫上。

（2）双手抓住左脚，将其放于右大腿上，脚跟放在肚脐区域下方，左脚底板朝天。双手抓住右脚，扳过左小腿上方，放在左大腿上，把右脚跟放在肚脐区域下方，右脚板底也朝天。

（3）脊柱保持伸直，尝试努力保持两膝贴在地上，尽量长久地保持这个姿势，交换两腿位置，并重复这个练习。

（二）瑜伽体位动作

1. 脊柱扭动式

挺直身子坐着，两腿前伸，左小腿向内收，左脚底挨近右大腿内侧。将左臂举起，放在右膝外侧，伸直左臂抓住右脚。伸出右手，高与眼齐，双眼注视指尖。右臂保持伸直，慢慢转向右方，直至右手背放在左腰上。做深长而舒适的呼吸，保持15～20秒。用完全相反的顺序恢复原态，再做相反方向的练习。

2. 单腿交换伸展式

双腿向前伸直坐着，慢慢吸气，两手上升高过头部，两臂向前伸，身躯略向后靠。慢慢呼气，向前弯上身，两手尽量抓住左脚，将躯干拉近腿部，两肘向外弯曲。放松颈部，让头部下垂。保持这个姿势10秒钟或更长久之后，换左腿做同样的练习。

3. 鸽式

首先放松坐着，屈双膝，左膝向外，左脚板紧靠右大腿内侧。右脚板朝天，双手把住右脚踝，使右脚尽量靠近身体，保持上体直立。保持这个姿势尽量长久的时间之后，换反方向做同样的练习。

4. 骆驼式

两大腿与双脚略分开跪在地上，脚趾指向后方，吸气，两手放在髋部，将脊柱向后弯曲，然后在呼气的同时，把双掌放在脚底上，保持两大腿垂直于地面，头向后仰。一边保持这个姿势，一边将颈项向后方伸展，收缩臀部的肌肉，伸展下脊柱区域。保持30秒之后，两手放回髋部，慢慢恢复预备姿势。

5. 肩倒立式

这个姿势的梵文名字原意是"全身"，因为它有益于整个机体。开始时仰卧，两臂向下按以求平稳，慢慢将腿抬离地面。当两腿垂直于地面时，升起髋部，将腿部向头部后方送得更远，让两腿伸展在头部之上。接着用手托住腰部两侧，支撑起躯干。收紧下巴，让它顶住胸部。舒适地呼吸，保持这个姿势至少1～3分钟。

6. 蛇击式

双手双膝着地，做动物爬行状，一边保持两手按住地面，一边把臀部放落在两脚跟上，并把头贴在地板上，做叩首式。保持胸膛高于地面，一边吸气并将胸腔向前移动，伸直双臂，放低腹部直到大腿接触地面，胸部向上挺起。背部呈凹拱形，眼睛向上注视，正常地呼吸。保持这个姿势10～20秒之后，再慢慢按反过来的程序做，恢复到叩首式。重复10次。

7. 侧三角式

保持两膝伸直，将右脚向右转90°，呼气，双臂伸直，将上身躯干转向右方，让左手在右脚外缘碰触地板，右臂向上伸展，与左臂成一条直线。保持姿势，双眼注视右手指尖，伸展双臂及肩胛骨。恢复常态时吸气，先后缓慢将双手、躯干转至常态。交换方向做同样的练习，两侧的练习应保持相同的时间。

8. 站式第三式

两腿大分开，吸气，双掌合十，高举过头顶并尽力伸展，呼气，右脚与躯干向右旋转90°，左脚向右方略转动。曲右膝直到大腿与地面基本平行，左腿伸直，两眼注视合十的双掌，伸展脊柱。接着呼气，将上身躯干向前倾，双臂保持伸直，手掌合十，一边伸直右腿，一边把左腿举离地面。右腿完全伸直后，左腿举高至与地面平行，此时，双臂、上身和左腿应该形成一条与地面平行的直线，右腿应与这条直线成直角。保持这个姿势约20秒，然后呼气，回到第一个姿势上来。

9. 拜日式

拜日式又叫向太阳致敬式，是人们最常做的瑜伽姿势之一。拜日式由以下一系列动作组成。

放松站立，两脚靠拢，两掌在胸前合十，正常呼吸。双手食指相触，掌心向前，双臂高举过头顶，缓慢而深长地吸气，上身自腰部起向后方弯下。呼气，慢慢向前弯身，用双掌或两手手指接触地面，不要弯曲双膝。以不感到太费力为限，尽量使头部靠近膝盖。保持手掌和右脚不离开地面，慢慢吸气，同时左脚向后伸展。慢慢把头部向后上方抬起，胸部向前方挺出，背部则呈凹拱形。一边慢慢呼气，一边将右脚向后拉，使两脚靠拢，脚跟向上，臀部向后上方收起。伸直四肢，身体好像一座山峰的样子。一边呼气，一边让臀部微微向前方摇动，一直到两臂垂直于地面为止，然后蓄气不呼，弯曲两肘，胸腔朝地板方向放低。一边保持胸部略高于地面，一边慢慢呼气，胸部前移，直到腹部和大腿接触地面。然后吸气，慢慢伸直两臂，上身从腰部向上升起。头部像眼镜蛇那样向后仰起。呼气，同时臀部升高，双手、双脚支撑地面。一边吸气，一边弯曲左腿并将左脚伸向前面。头部向上看，胸部向前挺，脊柱呈凹拱形。试图把这个动作和上一个动作做连贯，一气呵成。一边保持两手掌放在地板上，一边慢慢呼气，右脚收回放在左脚旁边。低下头，伸直双膝。一边慢慢抬高身躯，两臂伸直举过头顶，背部向后弯。一边呼气，一边回复到开始的姿势，两手掌在胸前合十。

第二节　普拉提的形体美学研究

一、普拉提概述

约瑟夫·普拉提1880年出生，从小体弱多病，为了获得健康的体质，从小就坚持练习多种体育项目，并注意将不同的运动方法进行总结、比较。后来，终于创立了普拉提训练法。在创建伊始，这套训练法被称为"控制学"，后来被人们称为"普拉提"。

普拉提运动是目前比较流行的健身美体训练方法，它讲究控制、动作和呼吸的密切配合，长期被用于运动机能的恢复治疗领域，深受健身爱好者的喜爱。另外，普拉提还强调对深层肌肉的练习，它的训练方式一般遵循运用自身体重、多次数、小重量和冥想的原则，训练的目的是用来改变人体肌肉功能和脊柱腰椎等的功能。

1945年，普拉提运动的创始人约瑟夫·普拉提给一种健身术的定义是："让身体与自然、平和、满足的心态共同发展，从而产生一种发自内心的激情与愉悦。"

随着社会的不断发展，普拉提运动也在不断变化和创新。时至今日，今天的普拉提与最早的普拉提已有很大的差别了。但不管运动本身的动作如何改变，其基本原则和训练目的始终没有改变，均是强调一种人的身与心的双重修炼。

在20世纪三四十年代，普拉提训练法被美国舞蹈协会接受并认可，很多舞蹈教练都将普拉提的动作融入自己的舞蹈教学之中。

20世纪90年代,很多理疗师将普拉提运用于理疗的各个领域,包括外科、老年医学、慢性病等,发挥其辅助治疗的功效。

普拉提没有复杂的动作组合,简单易学。其动静结合的动作安排,使身体既有紧张也有放松,既有节奏的转换又有放松的调息,让练习者更容易控制身体,减少错误姿势对体态的负面影响。而且它的运动速度平缓,不会对关节和肌肉产生伤害,在舒缓的状态下,全身的每一块肌肉,每一块骨骼都得到了锻炼,适合任何年龄段的人练习。它还可以借助于哑铃,弹力带等进行全方位的身体训练。普拉提的练习目标非常全面,在令全身得到锻炼的同时,它主要针对人体的核心肌肉(由腹肌、臀肌、下背肌环绕组成)进行练习,所以对腰、腹、臀等女性重点部位的塑造效果尤为突出。

普拉提既不像有氧健美操那样剧烈,也不像瑜伽那样繁复高深,更不用担心练出庞大隆起的肌肉块,它在重塑形体的过程中,让练习者真真切切地感受到自己的容颜更加美丽、身材更加挺拔修长、身心更加健康、气质更加优雅,获得一种前所未有的自信和美好的感觉,可称得上是一种"独一无二"的健身方法。

二、普拉提基本动作

(一)站姿热身

靠墙站立,脊柱于中轴位置。从颈椎至尾骨充分伸展,后脑勺及腰、背、臀贴于墙面。扩展胸腔,沉肩,收腹,脚跟与墙相距1步。静止吸气。呼气时,下颌抵近锁骨,后脑勺离开墙面,臀部紧贴墙面不动,自然呼吸,而后吸气,还原动作。

(二)仰卧踏步

仰卧,屈膝90°,双足着地。背部和臀部后侧靠紧地面;吸气时,将一只脚抬起离开地面,直至大腿与地面垂直,膝盖角度不变;呼气,慢慢下放回原位。然后交换另一侧腿部。

(三)跪式游泳

四足支撑,手臂和双腿垂直于地面,保持腰背部挺直并平行于地面;吸气,将左腿向后延伸然后抬高到髋部的高度，不改变后背的姿势。同时抬起右手向前延伸，不改变肩的姿势；呼气，收缩腹部，将左腿和右手同时收回。重复练习，交换对侧的手臂和腿部向两侧伸展。

（四）卷腹抬起

仰卧屈膝 90°，腰背部自然靠紧地面，两膝之间保持一拳距离，双手手指交叉置于头后侧；吸气，将肋骨向两侧分开，躯干保持不动，不要耸肩；呼气，把肋骨向下滑动，收缩腹部，将头部和肩部卷离垫子，直至肩胛骨下角刚触及地面，目视前方；吸气，躯干保持稳定不动，保持上半身弧线；呼气，收紧腹部，开始慢慢舒展脊椎卷回垫上，回到动作开始姿势。

（五）卷腹旋体

仰卧屈膝，双腿与髋同宽，脊椎处于自然中立位，双膝 90°，双手手指交叉置于头后侧；吸气，接着在呼气时，收缩腹部，将头部和肩部卷离垫子，直至肩胛骨下角刚触及地面；吸气，躯干保持稳定不动，保持上半身弧线；呼气，收缩腹部斜肌，让肩对准对侧的髋部转动身体，缩短两者间的距离；呼气，回到中间，保持头肩的高度和上半身的弧度；呼气，慢慢再转动向另一侧。

（六）百次拍击

仰卧，抬起双腿，屈膝屈髋 90°；吸气，做准备；呼气时，凝聚核心力量，卷起抬高头和肩；吸气，拍击手臂 5 次，保持躯干稳定和手臂伸直；呼气，拍击手臂 5 次。这样一个过程为一个练习组，继续拍击，保持呼吸和动作的协调。

（七）骨盆上抬

仰卧，双手放在臀部两侧，弯曲双膝 90°，双腿分开与臀部同宽，双脚平放于地面，脚掌放松，保持脊椎自然中立位；吸气，开始于脊椎中立位，并保持好姿势。吸气，躯干单向向上提升；呼气降低，脊柱及骨盆同时放下并且重复。

（八）单腿划圆

直腿仰卧，手放在体侧。抬右腿至大腿与地面保持 90°；吸气，右腿越过身体向内至另一侧，保持骨盆稳定紧贴于垫上；右腿继续弧状划圈，在空中往下划至身体中线。呼气，带动腿部继续往右划圈，接着回到开始位置。

（九）反向卷腹

仰卧，手放在身体两侧，保持脊椎处于自然中立位，两腿弯曲，膝盖脚踝相互交叠，大腿垂直于地面；呼气，收紧核心，引领下背部随之卷起离开垫子；吸气，有控制地脊椎逐节还原到原位。

（十）侧踢腿

侧卧，髋部微屈，双腿向前与身体约成30°角上下交叠。肘关节支在垫子上，手在耳后撑住头部，上侧手放在胸前支撑；吸气，提起上面的腿指向天花板方向，避免移动髋部或塌缩腰部。肩膀和髋部都要保持固定；呼气，有控制地放低上面的腿，和下侧腿并拢还原。

（十一）两头伸展

仰卧，屈膝抬腿，卷起头肩部和上背部至肩胛下角触地，两手放在膝盖上方把两腿拉向靠近胸口；吸气，保持上半身的弧线不变，双腿并拢以60°角往前斜线伸展，同时手臂往双耳方向向后打开尽量伸展；呼气，两腿收回到胸前，手臂从侧面扇形回到开始姿势，放到膝盖上方。

三、普拉提组合动作

（一）侧卧单腿划圆

（1）右侧卧，右臂屈肘，手掌托住头。左手置于胸腹前侧地面，起辅助支撑作用。

（2）双腿伸直并拢，收缩"核心部位"及臀腿肌肉。

（3）双腿屈膝，大小腿、大腿与躯干分别成90°角，收腹，收臀。

（4）将左腿抬升至骨盆高度，向体前垂直伸膝，勾脚尖，脚跟远蹬，伸展腿后侧肌肉和韧带。

（5）左腿以大腿根部为轴，整条腿做顺时针的连续划圈动作。保持自然呼吸。

(二）腹内外斜肌练习

（1）屈右肘侧撑，头不要沉进肩膀，左手掌轻触胸前地面，加强平衡。
（2）后背保持稳定，双腿向前移动45°角。
（3）保持躯干稳定，吸气，左腿抬升至骨盆高度。
（4）呼气，右腿向左腿贴靠。静止吸气。
（5）呼气，保持躯干稳定，左手置于左耳附近，用侧腹肌肉力量，控制双腿在半空中向上提升。
（6）吸气时还原至动作4。

(三）侧卧横摆腿

（1）右侧卧，右臂屈肘，拖住头部，左手于胸腹前伏地，起辅助支撑作用。
（2）双腿成"普拉提腿姿"，收缩"核心部位"及臀腿肌肉，整个身体侧向垂直地面。
（3）双腿向前移动45°角。再将左腿抬离右腿，至骨盆高度，仍维持"普拉提腿姿"。
（4）吸气，左腿水平向前摆动，伸展，直膝，勾脚尖，同时保持躯干与骨盆稳定。
（5）呼气，左腿水平向后摆动，伸展，绷起脚背。

(四）天鹅戏水

（1）俯卧，准备姿势同"单侧对飞"的准备动作。
（2）呼气，调动"力量库"的肌肉，将双臂，双腿正面及胸腔缓慢有控制地抬离地面。伸展脊柱，此时头作为颈椎的延长线，双眼望地面，收腹，收臀。
（3）吸气，提升右臂和左腿，再快速换异侧完成此动作，像拍水一样。
（4）吸气拍5次，呼气拍5次。

(五）球式滚动

（1）坐姿，从下颌抵近锁骨开始，脊椎骨由上而下逐节前屈至圆背姿态。
（2）双腿屈膝并拢，肘关节外展，双手环抱住大腿后侧，脚尖离地，重心维持于尾骨。后背如英文字母"C"一样圆润，持续收腹，团身如球。

（3）吸气，重心向后转移，如球一样向地面滚动落下。

（4）继续滚动至肩胛骨平展于地面时，呼气，逆向滚动回复。

（六）人鱼拍水

（1）俯卧，双手交叠，额头轻触手背，沉肩。"普拉提腿姿"。臀腿肌肉收缩，肚脐拉向腰椎，静止吸气。

（2）呼气，保证骨盆稳定，收缩臀腿肌肉，在双腿保持"普拉提腿姿"不变的基础上，抬离地面。

（3）双腿在直膝的基础上，快速完成上下拍水动作。

（4）吸气拍5次，呼气拍5次。

（七）单侧对飞

（1）俯卧，额头轻轻置于垫上，双臂与肩同宽，分别置于头两侧并向头顶伸展。双腿做"普拉提腿姿势"，臀部收紧，脊柱伸展。静止吸气。

（2）呼气，调动"力量库"的肌肉，分别将左臂、右腿的正面在垂直地面的前提下抬高。

（3）脊柱于自然中轴位置上伸展，头作为颈椎的延长线。静止吸气。

（4）呼气时将左臂、右腿缓慢有控制地向地面降落，回复至初始动作。

（5）再次静止吸气。

（6）呼气，动作要领和2相同，换右臂、左腿完成动作。

（八）摇摆式

（1）站立，头顶牵引脊柱向上伸展，双臂打开稍宽于肩膀的宽度，向上做"V"形伸展，掌心相对，扩胸。

（2）双腿分开至两个骨盆的宽度，脚尖向外侧打开，保持躯干、骨盆的平衡。

（3）吸气，双腿屈膝下蹲，拉伸大腿内侧肌肉。

（4）呼气，运用躯干肌肉的力量保持躯干的稳定，左脚脚掌用力推地，躯干向右侧倾斜重心压于右脚掌上。

（5）吸气，还原至动作3。

（6）呼气，按上述要领完成反方向的动作。

（九）侧撑双腿夹球

（1）屈右肘侧撑，大臂垂直地面，小臂向斜外方45°角打开。

（2）左掌轻扶胸前地面，以加强平衡。双腿呈"普拉提腿姿"，向远方延伸为躯干的延长线，骨盆与大腿侧面着地。

（3）吸气，调动"力量库"以保证躯干、骨盆的稳定及下背和腰部的安全，利用腰侧和腹内外斜肌的力量将左腿抬升至骨盆高度，并向远处延伸。

（4）呼气，右腿直膝缓慢地向左腿提升夹靠，于半空中双腿内侧并拢，保持"普拉提腿姿"，足跟相对。

（5）静止吸气，呼气时双腿同时回落。

（十）美人鱼式

（1）双腿并拢屈膝于身体右侧，双脚重叠使左侧臀部坐于垫上，右手握住右脚踝关节，左臂贴左耳并向上伸展，延伸脊柱，收腹。

（2）吸气，将左臂继续向上伸展并带动躯干延伸。

（3）呼气，躯干向右侧倾斜侧弯，左手像被一根绳子向身体的右侧拉动一样伸展，扩展胸腔，身体正面向着正前方。

（4）吸气，将左手于身体左侧，走最远路线收回，并将手掌置于左臀外侧，指尖向外，将右手经身体侧方提升至贴于右耳并向头顶延长线方向伸展。

（5）呼气，屈左肘，头颈位置不变，耳垂远离肩膀，右臂紧贴于右耳，将躯干向左倾斜，右臂、脊柱同向伸展。

（6）吸气，将身体带回坐姿。

（十一）跪撑平衡伸展

（1）跪撑，双掌分置同侧肩膀正下方，指尖向前，手臂垂直地面，双腿屈膝并拢跪于垫上，大腿垂直地面，脸颊于水平地面从颈椎向胸椎、腰椎方向伸展，拉长脊椎骨间隙。收缩"核心部位"，静止吸气。

（2）呼气，在躯干、骨盆稳定的基础上，同时抬起右臂、左腿，分别向指尖和脚尖方向，做水平地面的最长延伸。

（3）当动力手、脚伸展至尽头时，吸气，缓慢、有控制地同时将右臂、左腿向躯干拉回至初始位置。

（4）呼气，换异侧再做。

（十二）"V"形平衡发展

（1）坐姿，收腹，挺拔脊背，双腿屈膝并拢，大腿正面拉向腹部，脚尖轻触地面，双手分别握住两脚踝关节外侧，静止吸气。

（2）呼气，躯干微微后倾，在腹部及大腿肌肉的主动控制下，将脚尖缓慢、有控制地抬离地面，至小腿水平地面停住。

（3）吸气，保持躯干的平衡稳定，双腿在半空分开，至双膝间的距离与胸廓同宽停住。

（4）呼气，双腿于半空中并拢回复至动作2。

（5）吸气，将左腿在骨盆的宽度内，直膝向上伸展，与地面成45°角，呼气时左腿回复至水平地面位置，之后右腿重复左腿的动作。

（十三）侧撑展体

（1）侧卧，眼望前方。右臂屈肘撑于垫上，小臂向斜外方45°角打开，将躯干推离地面，双腿上下重叠并拢后左腿屈膝，小腿垂直于地面，左脚掌置于右膝前方，左臂水平地面向右脚尖伸展。

（2）扩展胸腔，骨盆及右腿侧面着地，收腹收臀，静止吸气。

（3）呼气，收缩"力量库"的肌肉，将骨盆抬离地面，同时将左臂垂直向上伸展，收腹，收臀。

（4）吸气，左臂向头顶方向伸展。

（5）呼气，左臂向左腿外侧贴近并伸展。

（十四）卷腹摇臂

（1）仰卧，双腿依次抬离地面后，于半空中屈膝并拢。

（2）大腿垂直地面，小腿水平地面，右臂贴于右耳并向头顶伸展。左臂贴于身体左侧并向脚尖伸展。

（3）收腹，静止吸气。

（4）呼气，利用腹部肌肉收缩的力量，将头和肩膀抬离地面。双臂依然置于原来位置，眼睛看大腿正面。

（5）吸气，在保持躯干、骨盆及双腿稳定的基础上，双臂在肩膀宽度范围内，沿身体纵轴做位置交换。

（6）完成后即左臂贴于左耳，右臂贴于身体右侧。要保证在手臂伸直的前提下沿身体纵轴走直线地完成动作。

（7）再次吸气，双臂回复起始位置。

（十五）侧卧起身

（1）右侧卧，右臂屈肘，手掌托住头，左手于胸腹前扶地，起辅助支撑作用。

（2）双腿伸直并拢，左腿屈膝，大小腿成90°角，置于前侧地面。右腿直膝伸展。收腹，收臀，静止吸气。

（3）呼气，保持躯干和骨盆稳定，用右腿内收肌的力量，将右腿抬离地面，脚背放松。

（4）吸气，右腿缓慢回落地面。

（5）右臂伸直，右颊置于右臂上，身体其他部位位置不变。两肩上下垂直，收腹，收臀，右腿作躯干向下的延长线，静止吸气。

（6）呼气，骨盆保持稳定，用右腿内收肌的力量，将右腿抬离地面，同时腰侧肌肉将头和躯干抬离地面，右手辅助支撑，至左侧腰肌及右腿内收肌收缩到最大限度。

（十六）云端超人

（1）俯卧，脊柱伸展，胸部稍抬起，脸颊水平于地面，头作为颈椎的延长线，双手掌心向内，贴于躯干两侧。双腿在"普拉提腿姿"的基础上，分别向两侧分开至骨盆的宽度。

（2）吸气，耸起肩膀向耳垂靠拢贴近。

（3）呼气，将双腿稳固牢靠地贴于地面的基础上，肩膀向后、向下绕环至远离耳垂的位置，手臂及双腿同时用力向后伸展，胸部抬离地面。

（4）静止吸气，呼气，还原。

（十七）蚌式

（1）坐在垫上，脊柱前屈。肚脐区域肌肉收缩向腰椎。

（2）屈膝，双膝分开至骨盆的宽度，双脚尖轻轻点地在一起，双手握住两脚踝关节处，静止吸气。

（3）呼气，调动躯干"力量库"的肌肉力量，控制躯干由双腿朝向相反方向慢慢像两扇贝壳张开一样打开，脊柱从腰椎开始逐节向地面沉下。

（4）继续向地面打开双臂和双腿，至臀、腰、下背部贴于垫上。头、肩膀和四肢并不落地。

（5）静止吸气，呼气时经2回复至1。再反复。

（十八）侧腰塑形

（1）右侧卧，右臂屈肘，手掌托住头。左手于胸腹前扶地，起辅助支撑作用。双腿伸直并拢后，将左腿屈膝，大小腿成90°角，置于前侧地面。右腿直膝伸展，作为躯干向下的延长线。收腹，收臀，静止吸气。

（2）呼气，确保躯干及骨盆稳定的基础上，利用右腿内收肌的力量，将右腿抬离地面，脚背放松。

（3）吸气，右腿缓慢回落地面。

（4）右臂伸直，右颊置于右臂上，身体其他部位位置不变。两肩上下垂直，收腹，收臀，右腿作为躯干向下的延长线，静止吸气。

（5）呼气，稳定住骨盆，利用右腿内收肌的力量，将右腿抬离地面，同时腰侧肌肉用力将头和躯干抬离地面，右手辅助支撑，至左侧腰肌及右腿内收肌收缩到最大限度。

（6）然后吸气回复。

（十九）仰卧举腿

（1）仰卧，双手分别置于耳侧，扩展胸腔。

（2）双腿于半空屈膝并拢，大腿垂直地面，小腿水平或稍高地面，骨盆稳定中立，收腹。静止吸气。

（3）呼气，收缩腹肌，下颌抵近锁骨，后脑勺和肩膀依次抬离地面，保持双臂的平展，不要夹肘。

（4）吸气，保持躯干及骨盆稳定，将双腿保持屈膝状态且在大小腿角度不变的基础上，从髋关节处缓慢地向远处地面下降，大腿与地面接近45°角时停住。

（5）呼气，利用小腹肌肉力量将双腿"拉回"至2动作。

（二十）仰卧振臂拍水

（1）仰卧，收腹，双臂与肩同宽，向上做垂直伸展。骨盆中立位置并保持稳定，双腿分开至骨盆的宽度。

（2）屈膝，膝关节和脚尖均指向身体正前方，静止吸气。

（3）呼气，调动"力量库"，将头和肩膀依次抬离地面，双臂置于大腿外侧，水平地面向脚尖伸展。

（4）充分维持头、躯干、骨盆的稳定，双臂在完全伸直关节的基础上做垂直地面的上下拍水动作。

（5）手臂每次向地面拍下的时候都配合呼吸，即每呼或吸1次拍1下。

（二十一）举肩搭桥

（1）仰卧，双手分别置于身体两侧，掌心向下，双腿分开骨盆的宽度。

（2）屈膝，双脚掌置于同侧臀部正后方，膝关节和脚尖均指向身体正前方。静止吸气。

（3）呼气，收缩臀部及腰背肌肉，将尾骨、骶椎到腰椎、胸椎逐节地、有次序地、滚动式地抬离地面。膝、骨盆、胸部三点构成一条直线时，于半空停住，双手辅助支撑。

（4）吸气，保持躯干、骨盆稳定。右脚离开地面，同时右腿于半空屈膝成90°角。

（5）呼气，右脚缓慢向地面回落至脚尖轻轻点地。

（二十二）侧撑摆腿

（1）跪立，双腿分开至骨盆宽度。

（2）右臂于右膝外侧垂直支撑，左手置于左耳处，肘关节指向上方，敞开胸腔,右大腿垂直地面,小腿指向身体正后方,左腿直膝伸展,脚尖轻触地面。

(3)在保证躯干、骨盆稳定的基础上将左脚尖抬起至左腿与地面水平,并向远方伸展。

(4)吸气,左腿水平前踢,至尽头再踢一次。

(5)呼气,左腿水平后踢,至尽头再踢一次。

(二十三)俯撑腿弹压

(1)俯撑,双掌分别置于同侧肩膀正下方。双腿内侧并拢,脚趾抓紧地面,且于脚跟正下方。臀腿夹紧,腹部收缩。

(2)吸气,将左脚抬离地面,直膝向后伸展,并仍维持臀部及双腿内侧夹紧。

(3)呼气,右脚跟向地面踩压,伸展腿部后侧肌肉及跟腱。保持躯干及骨盆的稳定。

(4)吸气,右脚眼前拉回复。

(二十四)俯撑抬腿

(1)跪撑,双掌置于同侧肩膀正下方,双腿屈膝并拢,脚趾紧抓地面,整个脊柱从头顶至腰椎做水平的伸展,收腹,收臀,静止吸气。

(2)呼气,收缩"核心部位",膝关节推离地面,身体平衡于双掌及脚趾之间。收腹,收臀,双腿内侧夹紧。

(3)吸气,左脚缓慢抬离地面,大腿及双膝内侧仍保持夹紧。

(4)呼气,左脚回落地面。

(二十五)腰部扭转

(1)站立,头顶牵引脊柱向上伸展,双臂在身体两侧水平伸展,扩胸,双腿将重心转移至右脚,左脚跟抬离地面,脚趾轻触地面,但不承受体重,保持收腹收臀,身体平衡。静止吸气。

(2)呼气,以腰腹为轴,由躯干带动头及双臂转向身体左侧,躯干转动至最大幅度,脊柱保持挺拔延伸,双臂与胸腔处于同一平面。

(3)吸气,还原。

(4)呼气,以相同方法将躯干转向右侧。

（5）呼气，保持躯干、骨盆稳定，调动躯干的肌肉，来完成前倾、左腿向后伸展的动作，使头部、脊柱及左腿形成一条水平于地面的直线时停住，眼望地面。双臂置于身体两侧，做水平地面伸展。

（6）吸气，身体保持稳定，慢慢还原。换右腿练习。

（二十六）仰卧起坐

（1）仰卧，下颌向胸锁骨处微微收回，拉长颈后肌肉。

（2）双臂与肩同宽，分别置于头两侧，并向头顶伸展。

（3）双腿分开骨盆的宽度向远处伸展，向下颌方向勾回脚尖，脚跟向远处蹬出，收腹。

（4）吸气，双臂向上做垂直伸展，同时保持肩背放松。

（5）呼气，调动躯干的肌肉，让下颌贴近胸锁骨处，后脑勺离地，将整个脊柱由颈椎起，逐节向胸椎、腰椎过渡剥离地面，同时，双腿仍稳贴地面。

（6）自然呼吸，骨盆与双腿姿势不变，脊柱继续前屈并将头置于双臂中央位置，脸颊与地面水平，向指尖的延长线伸展，肚脐区域的肌肉收向腰椎。

（7）吸气，由腰椎开始，逐节脊柱骨滚动回落地面，还原。

（二十七）奋力向上

（1）仰卧，下颌向胸锁骨处微微收回。拉长颈后肌肉，双臂与肩同宽，分别置于头两侧。并向头顶伸展。

（2）脊柱处于自然中轴位置上，骨盆稳定，双腿分开骨盆的宽度向远处伸展，向下颌方向勾回脚尖，脚跟向远处蹬出，收腹。

（3）吸气，双臂向上做垂直伸展，同时保持肩背放松。

（4）呼气，调动"力量库"的肌肉，首先将下颌抵近胸锁骨处，后脑勺离开地面，将整根脊柱由颈椎起，有次序地逐节向胸椎、腰椎过渡剥离地面。与此同时，双腿依旧稳贴地面。

（5）骨盆及双腿依旧稳定，脊柱继续前屈并将头置于双臂中央位置，脸颊向指尖的延长线伸展，肚脐区域的肌肉收向腰椎，胸椎、腰椎有向后"挣脱"的感觉。

（6）吸气，由腰椎开始，逐节脊椎骨滚动回落地面，还原最初动作。

(二十八) 仰卧夹腿

(1) 仰卧,双臂分别置于身体两侧,双腿依次屈膝并拢,大小腿成45°角,收腹,静止吸气。

(2) 呼气,将左腿垂直伸向上方,并外旋大腿做"普拉提腿姿"。

(3) 静止吸气。

(4) 呼气,将左腿向外侧横向打开,在骨盆、腰、背仍旧稳定的前提下,外开至最大幅度。

(5) 静止吸气。

(6) 呼气,同时沿刚才打开的轨迹收腿回复。

(二十九) 跪立俯卧撑

(1) 俯撑,双手分别置于同侧肩膀的正下方,双腿屈膝,腿内侧贴紧,小腿翘升,收臀,收腹,脊柱伸展。

(2) 吸气,大臂紧贴肋骨两侧,屈肘,躯干向地面下落并与之水平。

(3) 呼气,保证躯干在平板状态下手臂推撑还原。

(三十) 坐姿划船

(1) 坐姿,从下颌抵近锁骨开始,逐节脊椎骨由颈椎向胸椎、腰椎过渡,前屈,整根脊柱呈英文字母"C"的形状。

(2) 收腹,双腿分开至骨盆的宽度,并屈膝,大小腿成90°。脚尖向身体正前方,膝关节向着脚尖方向。

(3) 双臂分开与肩同宽,向脚尖方向做水平地面伸展。静止吸气。

(4) 呼气,脊柱前屈状态不变的基础上,腹肌用力,双手握住"船桨"像抗着水的阻力一样前推,将躯干向前方推出。

(5) 吸气,仍保持脊柱前屈,腹肌再次用力,将躯干向后拉动,腰椎不要落地。

第三节　肚皮舞的形体美学研究

一、肚皮舞概述

（一）肚皮舞的起源

肚皮舞原名为"Raks Sharki"，意指东方之舞，是土耳其的传统舞蹈，因此又称"东方舞蹈"。但是包括古埃及在内，在地中海、巴尔干地区以及中东地区也可以追溯到肚皮舞的根源，甚至有很多学者认为，西班牙的弗拉明戈舞也是从肚皮舞演变过来的。

肚皮舞在起源时蕴含了米莉塔、阿佛洛狄忒，维纳斯、克瑞斯等众多女神的形象，她们在古代都是伟大的"地母神"，分管着狩猎、耕种、生育等与人们息息相关的生活形态。她们苏醒了万物，保护着健康，孕育了新生命。古代人把这些女神供奉在神坛上，向她们祈求身体健康、风调雨顺以及幸福繁荣。当时给这些女神进贡的人很多都是少女，这些少女在神坛前跳一种很特别的舞蹈，整个舞蹈动作中，腹部等部位的动作远远多于四肢的动作。这种独特的舞姿来源于女性分娩时的痛苦和对孕育新生命的喜悦。另外，为了表示对地母神的敬意，这些少女必须光着脚跳舞。到了后来这种专门为神灵而跳的舞蹈被取名为"肚皮舞"。

下面，就大致介绍一下流传较为广泛的三种关于肚皮舞的起源。

1.第一种说法：认为肚皮舞源于古埃及人对生育女神的崇拜

相传有一位貌美且身材妙曼的年轻女子，结婚之后一直没有小孩，痛苦的女子来到神庙祈祷。在神秘力量的引导下她开始动情地在神像前投足、扭腰、摆臀，好似舞蹈，以此来祈求生育之神能圆她有一个孩子的愿望。她那婀娜多姿的优美舞蹈，使在场的祭司们为之倾倒，即刻禀报了法老。后来将她的"舞蹈"作为祭祀舞蹈。

这种说法并不是凭空的传说，而是有一定的证据的，古埃及文物的壁画中就有与此相关的内容。也正是由于这种说法，肚皮舞才被广泛传播，并流传至今，受到广大女性的青睐和喜爱。

另外，还有另外一种与上述说法相似的与生育相关的说法。说是怀孕待产的女子为了能顺利分娩，接受她姐姐的建议，学蛇的曲线摆动，摇摆自己的身体，重点集中在腹部，再快速摆荡整个身子，呈波浪起伏状，节拍音乐的加入，显得轻松自然，在如此的特殊训练下，女子果真十分顺利地生产，于是这种像蛇一样舞动的方式流传下来，这种舞蹈也随之流行起来。

2. 第二种说法：认为肚皮舞与宗教仪式相关

肚皮舞起源于古埃及，这是人们普遍认可的一种说法，但是，希腊人则认为肚皮舞受到宗教仪式的影响较大。于是又有了肚皮舞与宗教仪式相关的说法。

肚皮舞在起源时，就已经蕴含了米莉塔、阿佛洛狄忒、维纳斯、克瑞斯等众多女神的形象，她们在古代的神话中都是伟大的地母神，分管着狩猎、耕种、生育等与人们息息相关的生活形态。肢体动作是在描绘着有关大自然和人类繁衍的循环不息，庆祝妇女多产以及颂扬生命的神秘，这就可以解释为什么肚皮舞是以腹部的摇摆为主要动作。肚皮舞要求光着脚，也是为了保持和土地的联系。这种宗教的舞蹈随着发展渐渐褪去了宗教的外衣，而渐渐转化成为一种民间艺术，并最终成为广泛流行于中东地区各国的一种独特的娱乐和表演形式。

3. 第三种说法：认为肚皮舞是一种宫廷舞蹈

这种说法的主要观点是，肚皮舞与西方的芭蕾舞有一定的相似之处，是身心合一的修身养性之舞，是神圣、崇高的宫廷舞。

肚皮舞主要源于印度、阿拉伯、埃及等中东地区。它的基本动作也以这几个国家的古典宫廷舞为主。古埃及新王国时代第十八朝的墓中就画有与现代肚皮舞女郎相似的舞娘，其优美的舞姿充满了迷人韵味。传说只有宫廷贵妇才有资格学习，所以跳舞的时候既要高贵，也要热情，既要矜持，也要娇媚，从中可以感受到一种不同于西方文化的内敛与奔放混杂。

此后，随着阿拉伯音乐的流行，肚皮舞风靡一时。伊斯兰帝国强盛时期（9—10世纪），肚皮舞受到了政府的保护。到了奥斯曼王朝，随着人员往来的增多和都市的国际化，就形成了现代的肚皮舞。

不管源自何种传说，经历哪些国家、哪种文化，以及多长时间的演变，通过舞蹈老师们默默奉献耕耘，肚皮舞已成为中东地区可贵的文化资产。

不管肚皮舞的起源到底是什么样的，但是有一点是能够肯定的，那就是，这些关于肚皮舞起源的说法都在一定程度上体现出了肚皮舞的独特文化。

（二）肚皮舞的发展

1.肚皮舞在世界范围内的发展概况

埃及肚皮舞界有许多非常知名的舞蹈家，如沙米·亚嘉摩（Samia Gamal）、塔西亚·可丽欧克（Tahiya Karioka）、奈玛·雅珂芙（Naima Akef）等，她们主要是在埃及电影蓬勃发展的黄金时代名声渐起，后期的肚皮舞的发展多是在她们风格基础上，不断发展创新，比较知名的有索黑儿·宰肯、菲菲·阿卜杜和纳吉瓦·福阿德（Nagwa Fouad）等，这些人主要是在20世纪60年代至80年代间成名，许多至今仍兴盛不衰，甚至够得上明星级别，对肚皮舞艺术形式的发展有很大的影响。

最早传入欧洲的肚皮舞是埃及肚皮舞。由于当时拿破仑入侵埃及，拿破仑的军队占领格瓦济（Ghawazee）地区后，当地有很多专业的肚皮舞舞者，她们经常流落在各个小镇，演绎肚皮舞的风情。一开始，法国人只是对肚皮舞舞者披戴的珠宝和金色的头发感兴趣，觉得比较好玩，对她们这种特殊的舞蹈没有兴趣，并且将这种舞蹈称为"野蛮粗俗"的舞蹈。但是，随着他们与肚皮舞的接触越来越多，法国人逐渐被肚皮舞的魅力所折服，并把它最早引至欧洲。

1876年，肚皮舞在美国费城的百年庆典中首次露面，直到20世纪60年代，肚皮舞才开始融入美国艺术界的主流。随着20世纪60年代，美国对东方的关注，许多人开始对东方文化产生兴趣，一些人到中东旅行，亲身见识了肚皮舞的魅力，许多人自此开始寻求各种途径接受专业的学习，也因此造就了许多美国本土的舞蹈家。

2.肚皮舞在中国的发展概况

中国肚皮舞风格是中国本土舞蹈（古典舞、民族舞）结合中东民间舞（肚皮舞）而形成的。

中国式的肚皮舞风格着重舞蹈表演力和教学能力相结合，让艺术性更广泛地体现了中国观众的审美观。这种改良方式少了程式化的死板，能够迎合中国观众不同的审美观需求。同样的舞姿给予不同的感觉，通过全新的改良技法让中国热爱舞蹈的观众能够快速地接受不同种类的肚皮舞律动。其强调抓住肚皮舞自身的感觉性，在原味肚皮舞的基础上增加更多表演性。

目前，肚皮舞风靡世界各地。在美国以及加拿大等北美地区肚皮舞甚至成为一种时尚运动。目前，已经有很多人将肚皮舞应用到了现代舞，从而让更多的人更加深入、全面地了解肚皮舞，去亲身感受肚皮舞的独特魅力。

二、肚皮舞的基本动作

（一）腰部基本动作

1.胸部绕圈

（1）双脚分开，与肩同宽。双手自然地放在骨盆两侧。

（2）在下身固定的状态下，按照"左—前—右—后"的顺序最大限度地移动胸部。

（3）分别沿着顺时针，逆时针方向绕圈，轻柔地移动胸部。

（4）顺时针方向做8次，逆时针方向做8次。

2.臀部下摆

（1）双脚分开，与肩同宽；左臂向上举，右臂向一侧伸展。

（2）抬起右膝盖和右脚的脚后跟，同时向上提右侧骨盆，然后再用力下摆。

（3）换个方向做相同的动作。左、右各做16次。

3.臀部绕圈

（1）双脚分开，与肩同宽，膝盖稍微弯曲。

（2）按照"左—后—右—前"的顺序，最大限度地摆动骨盆。

（3）臀部轻柔地做绕圈运动。

（4）顺时针方向做8次，逆时针方向做8次。

4.臀部左右摆动

（1）双脚分开，与肩同宽，膝盖稍微弯曲。

（2）用力左右摆动臀部，每边各摆动1次。

（3）左、右各摆动8次。

5.臀部上下摆动

第六章 其他体育舞蹈的形体美学研究

（1）双肘弯曲叠放于胸前，双脚分开，与肩同宽，微微弯曲膝盖。

（2）弯曲右腿膝盖，同时上提左侧骨盆。

（3）换个方向做相同的动作。

（4）左、右各做16次。

6. 臀部上提

（1）双脚分开，与肩同宽，膝盖稍微弯曲。两肘弯曲叠放在胸前。

（2）轻轻抬起右脚脚后跟，同时向上提起右侧骨盆。

（3）换个方向做相同的动作。

（4）左、右各16次。

7. 臀部左右双摆

（1）双脚分开，与肩同宽，膝盖稍微弯曲。

（2）右侧盆骨先小幅度上摆，然后再大幅度用力上摆。

（3）换个方向做相同动作。

（4）左右各做16次。

（二）腿部基本动作

1. 臀部向下摆动

（1）右脚向前迈出一步，脚后跟离地，膝盖稍微弯曲。

（2）上提右侧骨盆，然后再用力向下摆动，逐渐加快臀部的摆动速度。

（3）换个方向做相同的动作。

（4）左、右各做16次。

2. 臀部上下摆动

（1）左手自然地放在脸旁，右臂向右侧伸展，与地面平行，右腿膝盖稍微弯曲。

（2）抬起右脚脚后跟，向斜上方摆动右侧骨盆。

（3）向下摆动骨盆的同时脚尖向外踢出，沿顺时针方向旋转。

（4）换左侧骨盆做相同的动作。

（5）左、右各做16次。

3. 扭摆向前移动

（1）双脚分开，与肩同宽，膝盖稍微弯曲，双手在胸前合掌。

· 157 ·

（2）两侧骨盆上下迅速扭动，同时碎步向前移动。

（3）8次为1组，共2组。

（三）腹部基本动作

1. 腹部上摆

（1）双脚分开，与肩同宽，膝盖稍微弯曲。在身体其他部位固定的状态下，将臀部最大限度地向后弹出。

（2）从后到前用力地摆动整个骨盆。

（3）摆动8次为1组，做2组。

2. 胸部下摆

（1）双脚分开，与肩同宽。

（2）最大限度地向前弹出胸部，然后再最大限度地向后缩进。

（3）摆动8次为1组，做2组。

3. 腹部滚动

（1）双脚分开，与肩同宽。

（2）按照"下腹—中腹—上腹"的顺序，用力向内收缩腹部。

（3）呼气的同时，用力向外弹出腹部。

（4）左、右各8次为1组，做2组。

4. 腹部伸缩运动

（1）双脚分开，与肩同宽。吸气的同时用力向内收缩腹部。

（2）呼气的同时迅速向外弹出腹部。

（3）左、右各8次为1组，做2组。

5. 臀部摆动、外踢

（1）双脚分开，与肩同宽。

（2）微微弯曲左腿膝盖，右脚脚腕向内弯曲。沿着上斜线方向，最大限度地摆动骨盆。

（3）向右侧用力摆动骨盆，同时向左侧迈出一步。换方向做相同的动作。

（4）左、右各8次为一组，做2组。

（四）臀部基本动作

1. 扭动

（1）双脚分开，与肩同宽，膝盖稍微弯曲。

（2）向左右两侧缓慢扭动骨盆，逐渐加快扭动速度。

（3）左、右各8次为1组，做2组。

2. 臀部上提

（1）双脚分开，与肩同宽，右臂向右侧伸展，左臂向上伸展。

（2）稍微弯曲右腿膝盖，抬起脚后跟，用力上提右侧骨盆。换方向做相同的动作。

（3）左，右各8次为1组，做2组。

3. 臀部滚动

（1）双脚分开，与肩同宽，膝盖稍微弯曲。两手臂向两侧伸展，与地面平行，手腕向上。

（2）按照"上—侧—前"的顺序，右侧骨盆绕圈下沉。

（3）左侧骨盆也做相同的动作。

（4）左、右侧骨盆各做16次左右。

4. 臀部交叉前后摆动

（1）双脚分开，与肩同宽，膝盖稍微弯曲。

（2）右侧骨盆向右前方摆动，然后回到原来位置。

（3）左侧骨盆向左后方摆动，然后回到原来位置。

（4）左、右各16次。

三、肚皮舞的组合动作

（一）手臂旋转

（1）双脚分开，与肩同宽。双臂轻柔地向两侧分开。

（2）右脚转向右侧，将身体旋转360°，两只手在身体的两旁上下滑动。

（3）旋转一圈后，右臂向上，左臂弯曲放于胸前，并停止做动作。

（4）左、右各做16次左右。

（二）全身抖动

（1）两手臂交叉放于胸前，手指和肘部均贴在身体上。双脚分开，与肩同宽，膝盖稍微弯曲。

（2）两膝盖交替弯曲、伸直，然后加快动作频率，使整个身体快速抖动起来。

（3）刚开始把动作时间设定为10秒，然后逐步增加动作时间。

（三）全身扭动

（1）双脚分开，与肩同宽。双臂轻柔地向两侧伸展。

（2）脸部朝向左侧，将上身旋转到正面，使整个身体处于扭曲的状态。

（3）以左脚为中心轴，向前摆动右侧骨盆，沿着逆时针方向旋转90°。

（4）换个方向，以右脚为中心轴，向前方摆动左侧骨盆，并且沿顺时针方向旋转90°。

（5）左、右各做16次。

（四）臀部上摆

（1）双脚分开，与肩同宽。右腿膝盖稍微弯曲。

（2）抬起右脚脚后跟，向上摆动骨盆。

（3）放下右脚脚后跟，同时向前迈出左脚。

（4）轻轻抬起左脚脚后跟，向上摆动骨盆。

（5）放下左脚脚后跟，同时向前迈出右脚，重复上述动作。

（6）左、右各8次为1组，共2组。

（五）臀部下摆

（1）双脚分开，与肩同宽。弯曲右腿膝盖，抬起右脚后跟，同时上提骨盆。

（2）向下摆动骨盆后，再将其上提。右脚伸向右侧，左脚向后迈出。

（3）左脚向前，抬起脚后跟。同时，按照"上—下—上"的顺序摆动骨盆。

（4）左脚伸向左侧，右脚向后迈出。左、右两个方向交替迈步向后移动。

（5）左、右各8次为1组，共2组。

（六）驼峰形旋转

（1）将两只手背靠在一起，举到头顶上方。弯曲膝盖的同时向右前方摆动骨盆。

（2）在向右前方摆动骨盆的同时，胸部则沿着顺时针方向做绕圈运动。

（3）骨盆沿着逆时针方向，胸部向反方向做绕圈运动。

（4）以左脚为中心轴，沿着逆时针方向旋转身体。

（5）顺时针和逆时针方向分别做 8 次左右。

（七）驼峰形摆动 / 侧向移动

（1）左手臂向下弯曲，右手臂向上，身体转向右侧。

（2）右脚向前迈出，并且按照"前—上—后"的顺序，胸部做出波浪动作。

（3）胸部从后侧返回到原来位置后，左脚靠近右脚。

（4）向前摆动胸部，同时向前迈出右脚。重复上述动作，向前移动。

（5）左、右各做 16 次。

（八）驼峰形摆动 / 交叉移动

（1）右手臂以 45° 向上伸直，左手臂以 45° 向下伸直。

（2）按照"前—上—后"的顺序，轻柔地摆动胸部。

（3）摆动胸部的同时左右脚交叉以斜线移动。

（4）左、右各做 16 次。

（九）臀部 8 字绕圈

（1）双脚分开，与肩同宽，两手背靠在一起，举到头顶上方。

（2）按照"前—侧—斜后"的顺序，左侧骨盆做绕圈运动。

（3）换方向做相同的动作。

（4）左、右各做 16 次。

（十）臀部前后左右摆动

（1）双脚分开，与肩同宽。弯曲肘部，将手指放在额头两侧。

（2）按照"前—右—后—左"的顺序，摆动骨盆。

（3）两手分开分别放于身体两侧，再分别向两侧摆动一次骨盆，回到原来的位置。

（4）按此顺序摆动16次。

（十一）臀部下摆/双踢

（1）左臂向上举起，右臂向右伸展。弯曲右腿膝盖，抬起脚后跟。

（2）上提右侧骨盆，然后向下摆动。

（3）上下摆动骨盆，同时斜线踢出右脚。这时，弯曲脚踝，使腿和脚背成直角。

（4）左、右各16次。

（十二）臀部摆动/外踢

（1）双脚分开，与肩同宽，双臂轻柔地向两侧分开。

（2）由内向外扭动右侧骨盆，同时向斜线踢出右腿。

（3）由内向外扭动左侧骨盆，同时向斜线踢出左腿。

（十三）收尾动作

1.动作一

（1）抬起右脚脚后跟，举起右手臂，左手臂向内侧弯曲。

（2）左、右脚以及左、右手臂交错做相同的动作，各做8次。

2.动作二

（1）双臂向上伸直，轻轻抬起两脚脚跟。

（2）双臂由两侧放下，上身也向下弯曲，至双手触地。

（3）拱起背部，上身向上提起，次数为8次。

3.动作三

（1）双腿分开站立，与肩同宽，双臂水平伸直。

（2）右臂保持原来的状态，左臂向上伸直。

（3）左臂向右绕圈，同时将上身向下弯曲。

（4）保持背部弯曲，上身向上提起。

（5）左、右各做8次。

第三篇 体育舞蹈美学传播发展

第七章 体育舞蹈的文化传播

第一节 体育舞蹈文化传播过程

一、体育与舞蹈之间的文化联系

在人类社会的发展进程中，文化的作用不容小觑。与其他文化一样，体育舞蹈文化发挥了十分重要的作用，反映一个时代或是一个国家或是民族的特征，并同时规范体育舞蹈行为，影响人们的价值观念。广义地说，是体育舞蹈本身所蕴含的，围绕体育舞蹈活动所形成创造的物质与精神财富的总和，是一种特殊的文化现象。狭义地讲，是指体育舞蹈精神或是某一方面或是某一因素所蕴含的文明要素。

体育与舞蹈均是以人为主体表达身体语言的身体艺术，依照审美规律和艺术规律发展创造，展示人体素质，表达情感或展示人体韵律，两者都要根据艺术家的审美创造，经由运动员或舞蹈者的二次吸收演绎，并反映人们的生活状况。

中国文化博大精深，体育与舞蹈自古以来就伴随人类的出现而存在。两者均是博大精深文化的象征。在历史长河中体育与舞蹈之间最大的相同点：二者的艺术形式都是通过身体的演绎来表现；二者表现事物、表达情感的宗旨是一样的，人们不论是喜欢体育还是舞蹈，都是通过肢体表现某种事物，表达某种情感。

体育与舞蹈的不同点，首先，表现在受众群体的不同。体育是身体素质好、身体强壮、活力无限的象征；而相对于体育，舞蹈则是"柔美""气质"的代名词，舞蹈演员及爱好者普遍都是身材比例均匀、柔软，气质超然、高贵。其次，表现在内心情感的不同。体育给人"强势"的感觉，理所当然在进行体育活动时的内心情感是活力无限，充满激情与力量的，同时自身的肌肉给人健壮、强大的感觉；相对而言舞者在进行表演时，内心是盛满情感随音乐流露于肢体，通过肢体展现丰富情感，给人以柔软的视觉效果和美的享受。最后，表现在场合的不同。体育是在大型室外运动场地以运动会及各种运动竞技比赛的形式进行，场地足够大；舞蹈则是普遍在室内需要灯光、服饰、舞台效果的衬托，比如各种晚会、庆典等。

由此可以看出，体育是以增强体质、锻炼身体为目的的一项活动，而舞蹈则是抒发内心情感、展示身体柔美的活动，虽然二者活动形式不同，但是体育与舞蹈之间相互渗透与交融，促进了二者之间的共同交流与发展。

二、体育舞蹈文化的传播与发展

体育舞蹈文化作为一项新生事物要想蓬勃发展，就如马克思所说，事物的前进发展是新生事物代替旧事物的过程。体育舞蹈文化的传播过程也是如此。比如，体育舞蹈文化传入我国初期受到很多方面的阻止，当时人们也是保持观望的态度，但最终其传播蔓延开来，挣脱了各个方面的阻碍、束缚，作为新事物成功繁衍开来。

研究中有的学者习惯将体育舞蹈文化的传播过程分为两个部分。

其一，体育舞蹈的形成和发展。12世纪到18世纪，奥地利的民族舞—德国的兰德勒—意大利、法国的沃尔塔—英国的乡村舞—法国的小步舞—法国的四方舞的历史演变。其二，体育舞蹈的整合规范过程。从1924年"英国皇家舞蹈教师协会"对社交舞的舞步、舞姿及跳法方面给予规范整理、美化加工。1925年制定出了包含四种舞的摩登舞。20世纪50年代命名了包含七支舞蹈的国际标准交谊舞。1950年英国组织举办了首届世界性的大赛。1960年规范整合加入了拉丁舞。1997年奥委会正式承认国际体育舞蹈联合会的存在。2000年至2008年举办各类运动会的表演项目或比赛项目。我国学者张清澎编写的《体育舞蹈》一书中写道，体育舞蹈文化历经原始舞蹈—公众舞—民间舞—宫廷舞—社交舞—新旧国标标准交际舞等发展阶段。由此也可以看出，不同的学者对体育舞蹈文化传播过程认识不同。

体育舞蹈于19世纪50年代传入我国，经过一个多世纪的融合、开发，其实践体系已日臻完善，其技术内容包括健身性体育舞蹈（也称交谊舞）、竞技性体育舞蹈、表演性体育舞蹈；组织单位有国家级、省级、市级体育舞蹈协会；竞赛包括独立的全国体育舞蹈系列积分赛、中国体育舞蹈世界公开赛、全国体育大会体育舞蹈比赛，乃至亚运会比赛（2010年广州亚运会项目）；在教育领域，体育舞蹈已发展至研究生教育。

我国体育舞蹈已经有很大的群众基础，人们越来越关注体育舞蹈。最近几年来，国家队的成立、黑池舞蹈比赛的优异成绩、万人桑巴大赛、参加国际赛事的增多等，从这些举措中可以看到中国的体育舞蹈文化正加速追赶着世界体育舞蹈文化的步伐，我们必须掌握世界发展带来的重要时机，抓住机遇，并拥有与之并驾齐驱的技术才能，了解掌握体育舞蹈文化，促进中国体育舞蹈文化事业的快速发展。

通过2020年对我国体育舞蹈运动员、教师队伍、裁判员队伍、组织管理机构进行的问卷调查，回收问卷进行分析研究得出：我国体育舞蹈文化的开展总体呈现出东强西弱的不均衡趋势；我国体育舞蹈教师队伍缺乏，高水平的教师更是凤毛麟角；裁判员队伍年龄结构老龄化，缺乏高水平的年轻裁判员；体育舞蹈的管理组织机构与国际相同，合理简洁，有利于工作的顺利开展。

此外，随着体育舞蹈进入高校，许多学者开始关注我国高校体育舞蹈文化开展情况。根据调查31所普通高校都开设了体育舞蹈课程，说明体育舞蹈在我国普通高校普及程度较好，但普及的时间年限都不长。课程除了体育舞蹈的技术及理论外，还增设了芭蕾形体训练等内容。男女同学对体育舞蹈文化的兴趣有一定偏差，男女比例不平衡，相差较大，体育舞蹈文化在我国的本土化发展中依旧任重而道远。

三、体育舞蹈文化在中国本土化发展

（一）体育舞蹈文化在中国的发展历程

鉴于运动项目的运动式样和方法、竞赛规则、社会发展的组织机构等都是人类文化进化的产物,故把运动项目的进化问题归结为人类身体运动价值观的进化。人们对项目价值认识主要体现在人们参与项目的行为特征和态度,项目进化转变又源自人们对项目价值认识与看法的变化。因此,依据人们对体育舞蹈的价值认识和参与特征表现,将体育舞蹈在中国的发展划分为3个历史时期加以考察,如表7-1所示。在一个多世纪的演进中,体育舞蹈价值认同体现出交际娱乐性、健身休闲性、竞技性及艺术性等特征,项目经历了由低级到高级、从简单到复杂、由低适应性到高适应性的过程,呈现阶梯式演进和连贯的时态发展链。

表7-1 中国体育舞蹈的发展时期

时间	1850—1988	1989—1999	2000年至今
功能与价值	交际娱乐	竞技	健身休闲、竞技、艺术

1. 以交际娱乐为主要目的的发展时期(1850—1988)

体育舞蹈由旅外华侨、舞蹈团体或留学欧美归国人员传入中国的交际舞,以1850年侨居上海租界的西方人举行的第一次正式交际舞会为开端。最初在租界作为正式宴会后的余兴节目在西方人中流行,继而中国官员及买办宴请外宾时也开始仿效,后在新思潮推动下,渐从租界扩展到都市娱乐圈,多在上流社会作为交际娱乐手段。

据《申报》记载,20世纪初在上海、天津等城市,有人专门传授美交际舞,并通过报界大力宣传跳舞有益身心健康。1920年9月8日,若干名中外女士在大东旅社开设舞会,以社交为主旨。1926年初起,两江女子体育师范专科学校开辟大舞蹈室,请专家每周到校为学生指导交际舞。1927年,上海第一家营业性舞厅大东舞厅开设,交际舞作为一种新式娱乐逐渐在城市流行。交际舞的流行、舞厅的出现,与妇女地位提升及中西文化交流的日益深入有着密切关系。

在这个时期,体育舞蹈的运动方法、技术相对简单,没有标准化的竞赛规则;功能单一,主要体现出交际娱乐功能;以舞会、舞厅等为平台,呈松散自发性传播;其发展动力主要源于人们对新式娱乐生活的向往。

2. 以竞技为主要目的的发展时期(1989—1999)

舞蹈组织的出现在体育舞蹈发展史上具有里程碑意义,它标志着体育舞蹈项目社会影响力的不断提升。伴随组织机构的完善，项目也相对成熟。1989年，原国家体委所属的"国际体育舞蹈俱乐部"成立（1991年5月在民政部注册，更名为"中国体育舞蹈运动协会"并加入世界舞蹈总会），1993年10月，"中国业余舞蹈竞技协会"在民政部注册成立。

在组织的管理和推广下，体育舞蹈组织者开始聘请国外的老师授课，在全国范围内举办培训班，学习国外的标准化技术；我国开始积极建立竞赛平台，从首届"全国体育舞蹈锦标赛"，延续至今；积极建设组织网络，推动成立省市级体育舞蹈协会。1991年，国家教委颁发的《普通高等学校本科体育教育专业教学计划》将体育舞蹈列为必修课程。自1998年开始，我国部分高校体育学院（系）相继增设了体育舞蹈课。这一时期国家提倡"竞技体育为先导"，为其竞技化提供了社会环境。

这一阶段是体育舞蹈竞技化的发展，以学习国外的标准化技术为主；以组织有序传播和民间自由传播为主要传播形式，通过竞赛活动、专业培训、学校教学等方式扩大参与群体，共同实现其竞技功能；随着体育舞蹈参与人数急剧增加，其中专门从事体育舞蹈教学、训练、培训的人才逐渐增多，并成为竞赛项目构建的主体。

3. 以健身休闲、竞技比赛、艺术表演为目的的多元发展时期（2000年至今）

2000年主导中国体育舞蹈发展的全国性组织——中国体育舞蹈运动协会进行了换届选举。随后，中国体育舞蹈运动协会与中国业余舞蹈竞技协会联合组建了中国体育舞蹈联合会，在国内社团管理层面形成新的合作，并致力于中国体育舞蹈的竞技发展。

自2000年起国家体育总局社会体育指导中心监管了体育舞蹈项目，同时中国体育舞蹈运动协会得到我国奥委会的承认。自此，体育舞蹈在国内发生重大转变。在全民健身的大潮下，体育舞蹈联合会成立了健身交谊舞蹈委员会。在2001年举行了第一次交谊舞研讨会，并于2002年开始举办全国健身交谊舞锦标赛。2008年在北京举行了第二次交谊舞研讨会，出台了交谊舞的规范教材和比赛办法、交谊舞竞赛规程、裁判员考试晋级条例、裁判员守则等。至此，健身性体育舞蹈被引入正规发展轨道。

同时，民间的舞蹈爱好者自发性实现了体育舞蹈的创新，创编出如武汉三步踩、南京小拉舞等舞种。人民群众不仅将跳舞当作交际娱乐的手段，更多的是当作健身休闲的方式。2000年体育舞蹈成为全国体育大会正式比赛项目，2004年起每年举办的中国上海体育舞蹈公开赛将世界先进理念带入中国，使选手的水平不断提高。

在广泛学习国际体育舞蹈组织的发展经验后，2008年中国体育舞蹈开始创立自己的竞赛品牌——体育舞蹈系列大奖赛，由5个分站赛和1个总决赛组成，旨在与国际赛事接轨，让赛事更具整体性、商业价值和品牌效应。

在教育方向上，2000年以后，广州体育学院、武汉体育学院、北京体育大学等院校分别成立体育艺术表演专业，设立体育舞蹈方向，自此，体育舞蹈走进了体育学院及师范院校，并成为独立招生的艺术表演专业。除此之外，体育舞蹈还作为艺术表演项目登上舞台，为人们带来美的艺术享受。

在这个多元化的发展时期，体育舞蹈组织管理机构的层次性、运动技术的完善性以及竞赛、裁判的制度化都得到了全面提高，呈现出民间、学校、组织和媒体等多渠道传播模式。健身性体育舞蹈也顺应全民健身大潮被纳入竞赛体系。

（二）体育舞蹈本土化发展过程中的问题分析

纵观体育舞蹈在中国的发展史，自1850年传入中国开始，体育舞蹈沿着从封闭到开放、从禁止到认同、从自然性到科学规范性、从自发参与走向政府引导的规范而行。发展过程受政治、文化、社会等因素的深刻影响，其从屡禁不衰到现阶段繁荣的发展轨迹，既得益于运动项目本身价值的客观存在，也受益于社会思想的解放和文化全球化的冲击与影响。不过体育舞蹈在我国的本土化过程中，主要存在以下问题。

1.体育舞蹈发展进程受到传统文化的制约

在传入初期，跳舞虽与男女平等、社交公开、女子剪发一起被视为新思潮和新生活的体现，但跳舞也同样与社会风化、破坏旧礼教相联系。

另外，中国的哲学思想以中庸谦和为主，把天人合一、物我两忘推为至高，故而中国民间舞蹈多以脸部表情与舞蹈场景来演绎情感，将内心的表达放置于大范围、大场景的空间内。西方人的基本态度却是物我对立，重视对事物的客观认识，所以体育舞蹈多以肢体语言来传递内心感受，更强调小范围（对舞的二人）的人为因素。审美哲学思想的不同导致情感表达方式的不同，而体育舞蹈的奔放、热烈等特征与中国人内敛、含蓄的性格特征相差甚远，导致国内选手在国际赛场上身体表现力和对音乐的理解处于一定的劣势。因而，传统文化形成的人文性格和思想品质在相当程度上制约了体育舞蹈的发展。

2.体育舞蹈的发展水平呈现出项目依附性

由于体育舞蹈属外域文化，体育舞蹈动作技术及各项规则的完善在国外完成，从最初交际舞的传入，到竞技性体育舞蹈的引入，再到竞赛规则、竞赛组织模式的效仿，国内组织及舞者主要遵从"拿来主义"，国内体育舞蹈的发展受国外发展水平的深刻影响，体现出较强的项目依附性。

3.体育舞蹈创新发展乏力

人民群众在从事体育舞蹈实践中，发明了具有中国特色的新舞种，如"北京平四""南京小拉舞""武汉三步踩"等，这些创造主要源于群众的"集体无意识"，处于松散状态，缺乏系统科学的创新方法。中国传统元素，如音乐和服装等，被植入体育舞蹈竞赛和表演中，但尚处于零星状态和个人行为阶段，没有形成系统的理论体系。根植于我国的民族气质和民族特征的体育舞蹈成套动作的设计和表演创编，也因缺少专业的创新理念指导和创新理论支撑，而不得不把目光转向国外寻求帮助。

4.体育舞蹈价值观分化后的冲突性

尽管在全民健身的大潮中，健身性体育舞蹈早已成为人民群众热衷的健身休闲项目，体育舞蹈联合会也将健身性体育舞蹈纳入竞赛体系，但由于缺少技术体系、组织体系、健身活动体系的建设和引导而仍处于发展的低潮。

（三）创新与发展——体育舞蹈与中国元素的融合

我国体育舞蹈发展趋势，已从注重模仿、完全照搬西方模式、学习西方技术技巧、缺乏创新的道路上向运用"中国元素"进行大胆尝试和探索、挖掘寻找适合我国体育舞蹈发展的路径、赋予体育舞蹈新的生命与活力转变。体育舞蹈中融入中国元素，能够使体育舞蹈运动员在比赛中产生共鸣，激发出强烈的民族自豪感与自信心。有利于体育舞蹈动作编排的创新，解决体育舞蹈在中国群众中发展的各种局限，从而具有扎实的群众基础。融入的中国元素既符合中国传统文化审美标准与价值取向，又起到传承中华优秀传统文化与精神的目的。

随着体育舞蹈在中国的快速发展，越来越多的人选择参与体育舞蹈项目的锻炼、比赛以及教学工作。但体育舞蹈毕竟是西方的舶来艺术，在中国的发展还受到多方面的制约。早期国人不能接受体育舞蹈的演绎形式及服装特点，因为中国古代及中国民族民间舞的演绎方式注重群舞，多是采用故事情节、服装、舞台布置，包括舞美、灯光以及道具的使用来表达一种情感，甚少用肢体语言来描绘。但体育舞蹈则是注重两个人之间的交流与配合，采用夸张的面部表情宣泄情感，进行交融。作为一种文化形式的体育舞蹈传入中国初期，在欣赏体育舞蹈时遇到一些困惑。但是当体育舞蹈融入中国元素以后，使观众既可以欣赏到中国传统文化所带来的神秘色彩及深厚的文化底蕴，又可以领会体育舞蹈演员在演绎时肢体的灵巧、细腻的眼神，用心表达的艺术。相同的价值观和审美观更容易使观众产生共鸣。同时通过舞蹈能更好地展现中国人特有的谦卑、含蓄，还可以凸显体育舞蹈者流畅的身体线条、精准的舞步速度，甚至可以透过那一幕幕舞台背景、一袭改良了的中华民族传统服饰展现那个时代的缩影。

根据不同项目需求，可在体育舞蹈音乐、舞蹈动作、服饰妆容、礼仪、道具、舞蹈作品名称中融入中国元素，其方式方法复杂多变。在音乐中融入中国元素的方式为：改变音乐节奏、舞蹈节拍；添加西洋乐器共同演奏或加入电声乐器；将中国传统乐器作为伴奏乐器使用。在动作编排中融入中国元素的方式为：先定具有中国特色的音乐，后根据音乐编排动作；先编排具有中国特色的舞蹈动作，后添加契合舞蹈动作编排的音乐。在服饰妆容中融入中国元素的方式为：西方款式、面料搭配具有中国特色的颜色、图案；中国特色服饰款式、样纹搭配突显体育舞蹈风格特点的颜色；采用中国古典妆容及发饰；采用中国戏曲妆容及发饰。在礼仪中融入中国元素的方式为：在体育舞蹈课堂礼仪、体育舞蹈接待礼仪、参加体育舞蹈比赛礼仪、观看体育舞蹈比赛礼仪中分别嵌入中国传统礼仪。在道具中融入中国元素的方式为：有针对性地选择突出主题的道具，道具的选择应不妨碍舞蹈表演的展现，又不伤及他人。

1. 提高动作编排的创新性

体育舞蹈动作编排受西方领先技术影响，我国的运动选手多是模仿西方优秀体育舞蹈运动员的技术技巧及组合，向国外顶尖裁判和选手学习。目前国内还没有成立体育舞蹈编导专业，能够突出中国传统文化的体育舞蹈作品甚少。

众所周知，动作是构成体育舞蹈的最基本、最核心的要素，是体育舞蹈各种表现形式的载体，它是体育舞蹈基本特点的表现形式。中国元素的融入大大增加了体育舞蹈动作创新、套路编排上的可选择点。如中国传统武术、中国古典舞蹈、中国民间舞蹈以及吸取中国文化精髓的传统戏剧。在队列舞的队形编排上，可以加入中国传统"太极"图形的队形，中国字、中国印等。在符合世界体育舞蹈联合会赛程规则的基础上植入我国特色文化符号。同时还可以创造出更多适合中国人感情、中国人外形特点，属于中国特色的体育舞蹈动作。

也许有一天也会有世界体育舞蹈联合会共同承认的以中国体育舞蹈运动员名字命名的体育舞蹈动作、由中国体育舞蹈发展较久远的城市命名的体育舞蹈著名赛事名称，将中国的体育舞蹈推向世界的舞台。

2. 推动大众广泛参与

体育舞蹈进入中国后，一直处于追求更大的竞技舞台阶段。无论是国际比赛还是国内比赛，还是全国针对院校开展的"桃李杯"舞蹈比赛，人们更多地只记住了金、银、铜各类奖项作品。体育舞蹈的开展更多地重视竞技，而忽视大众参与的广泛性，许多想要参与体育舞蹈项目中的非专业体育舞蹈人士也认为体育舞蹈"太专业化""太欧美化"，很难入门。

一些喜欢并乐于参与到体育舞蹈项目的人试图通过"慢三""快四""巴吉特"这样的"中国化"舞步去改变体育舞蹈"太专业，不好参与"的现状。因此，一时间城市的大街小巷都律动着类似于《酒醉的探戈》这样被改编后拥有中国语言、中国唱法、中国曲调的舞曲。由此可见，中国人民是喜欢社交舞蹈的，对于双人舞蹈和配合也充满兴趣，只是场地、教练、音乐、服装等的限制，制约了中国广大的健身爱好者对体育舞蹈的热爱。

在体育舞蹈融入中国元素后，人们伴随着熟悉的小曲儿，哼着从小听到大的歌谣，不再觉得体育舞蹈只能在华丽的宫廷、炫亮通透的舞厅才可以练习，广场、空地、操场成为广大体育舞蹈爱好者施展才华的地方。人们穿着普通中山装、氨纶棉服、百褶裙、连衣裙、宽松的旗袍翩翩起舞，布鞋、运动鞋、中国制造的体育舞蹈专业舞鞋齐上场，仿佛在告诉世人体育舞蹈不再是燕尾服、华丽的宫廷礼服、水晶鞋的专属品了。

3. 提升民族自信心和自豪感

以往的黑池舞蹈节中，中国体育舞蹈运动员获得各组别冠军的人数屈指可数,决赛中也很少出现中国选手的身影。通过访谈得知,一位国内A组前三名体育舞蹈运动员,16岁第一次赴英国参加黑池舞蹈节,在练习场地看到世界顶尖体育舞蹈运动员同台热身时就已经心存胆怯了。毕竟体育舞蹈起源于拉美、欧美国家,舞蹈的形态和表现形式,已经就是他们日常生活娱乐的写照。

体育舞蹈中融入中国元素后,中国人在演绎体育舞蹈时可以着具有本民族特色的服装、选用表现本民族优秀劳动智慧结晶的图腾,在颜色的选择上可选用具有中国代表性的中国红等。如在表演舞或队列舞的比赛中,还可以增加中国情结的故事作为编创的线索,在配乐的选择上,可以融入中国古典音乐、民乐等中国著名音乐作品,比如《茉莉花》的音乐能帮助体育舞蹈运动员展示出含蓄的中国美。这样的尝试与改变一定会在赛场上激发出体育舞蹈运动员民族自豪感,同时增加体育舞蹈运动员获胜的信心。

4. 中国文化的传播及国际交流的互动

一门艺术的发展承载着无数人的辛劳与智慧,一个符号的定义饱含了多少文化的精髓,一种乐器的演奏方法表现了一代又一代人民的生活方式,一种中国元素的融入体现了中华民族数千年文明的积淀。当舞蹈的演绎可以承载文化内涵的时候,中国元素的融入便开始彰显民族风采。

体育舞蹈可以作为中华文化传承的载体之一,无论从动作编排、舞台背景、人物服饰、妆容、音乐、道具等都可体现出浓浓的中国情结。体育舞蹈中融入中国元素,在中华大地生根发芽,体现出其旺盛的生命力。体育舞蹈运动员成了附带优秀文化民族意识、道德规范的传承者,展示全新的社会风貌的同时感受着古文化韵味。

体育和艺术是没有国界的,是人们沟通的一种方式,常常可以看到中西方音乐表演艺术家同台献艺后便成了朋友。原本生疏的陌生人,一起打场球、参加一次比赛后成了至交。中国古代思想中的儒家思想、道家文化,都是千年来人们所遵循和倡导的,如何将其凸显和运用在体育舞蹈当中显得尤为重要。

体育舞蹈是竞技表演项目,不仅需要将别人看得见的独特的中国"元素"融入体育舞蹈当中,更重要的是要把思想层面那些看不见,但源远流长的中国"元素"融入体育舞蹈当中,融入世界体育舞蹈当中。正如十指环抱、谦逊鞠躬、始于上古的拱手礼出现在体育舞蹈的谢礼方式上,中国是礼仪之邦,拱手礼又被称作"作揖",是中国古代用来打招呼或表示感谢的常用礼仪之一。行礼时,右手握拳,左手包于右手外侧,置于胸前,双腿直立,身体微向前弯曲,双手晃动两至三次为宜。拱手礼优美大方,既遵循了中国传统礼仪中长幼有序、谦逊、礼让的文化习俗,又避免了熟人与陌生人之间的尴尬,在一定程度上还缩短了距离的限制,很好地传播了中国文化。环抱的双手象征的不是新潮的谢礼方式,继承的正是中国文化中谦卑、礼让,表达尊重、真诚与感谢的方式,既不卑也不亢的优秀传统礼仪。中国体育舞蹈的发展需根植于中华大地的土壤,让体育舞蹈肩负起传承发扬中国悠久历史文明的重任,挥洒在世界历史的舞台。

第二节　体育舞蹈文化传播途径

人类的传播活动和人类出现发展的历史一样古老,一个新生事物要想发展下去必须取代不合时宜的旧事物,我国体育舞蹈的发展受国际影响较深,大体经历了交谊舞、国标舞、体育舞蹈三个过程。交谊舞于20世纪30年代传入上海,由海外华侨、欧美留学归国人员及表演舞团人员传入,随后在广州、天津等城市逐渐开展。体育舞蹈文化传播途径大体上可以分为以下三个方面:商业活动、人口迁移和文化教育,我国也是如此。

一、体育舞蹈与商业活动

古往今来,文化传播与商业活动关系密切。对于民族文化和大众文化,除了宣传外,更多的应采取"营销"的方法,走商品化、市场化、国际化之路,用"文化商品"和"商品文化"来满足消费者需求,同时传播属于民族和大众的价值和情感,对内增加亲和力、凝聚力,对外增加民族和国家文化竞争力。文化商品是指为交换而生产,用来满足不同消费者学习、审美或娱乐需求的文艺产品或劳务。文化商品以满足需求为目的,按照商品规律和市场原则生产、交换、消费,在实现利润最大化的同时传播内在价值和情感。

体育舞蹈美学研究

二、体育舞蹈与人口迁移

体育舞蹈文化流动有内向与外向、水平与垂直、纵向与横向之分。在一个人口集团内部，也存在体育舞蹈文化的流动现象，可称体育舞蹈文化内向流动。观念的转移、更替以及在特定时期内的不同价值取向，都是体育舞蹈文化内向流动的表现形式。人口是社会的主体，当然也是体育舞蹈文化的主体。拥有一定体育舞蹈文化的人口集团，会不断地根据外界变化的客观事物来调整自己的行为。

体育舞蹈文化传播是与体育舞蹈文化内向流动相对应的一种体育舞蹈文化外向流动，是不同人口集团所拥有的体育舞蹈文化相互交流、相互传递、相互扩散的过程。如前所述，体育舞蹈文化传播的媒介很多，作为体育舞蹈文化主体的人口，其迁移流动对体育舞蹈文化传播的这种影响毫无疑问是深刻而久远的。体育舞蹈文化传播的结果是不同体育舞蹈文化之间的互化和融合，也会导致不同体育舞蹈文化之间的冲突和整合，总的趋势是推动社会体育舞蹈文化的进步和发展。

体育舞蹈文化的垂直流动是双向的，既有向下的流动，也有向上的流动。前者表现为官方体育舞蹈文化的下渗，后者表现为通俗体育舞蹈文化的上升。一种新的体育舞蹈文化特质，往往容易被社会所接受；通俗体育舞蹈文化，经过加工、改造后也会在社会中出现。

体育舞蹈文化传播是与体育舞蹈文化垂直流动相对应的体育舞蹈文化的横向水平流动，是不同人口集团以及不同人口群体所拥有体育舞蹈文化之间的相互交流、扩散和流动。不同人口群体，其体育舞蹈文化必然是不同的，这种体育舞蹈文化上的差异性实际上就是引起体育舞蹈文化流动与扩散的原动力。在气候学上，由于气压差异产生的气压梯度导致了空气的运动，即产生了风。同理，这种体育舞蹈文化差异的存在，会产生地区之间的体育舞蹈文化梯度，这种体育舞蹈文化梯度导致了体育舞蹈文化的流动，使体育舞蹈文化得以传播。每个地区的人口都有自己的先进体育舞蹈文化和特色体育舞蹈文化，其他地区的人口都会有学习和了解这种先进体育舞蹈文化和特色体育舞蹈文化的欲望，欲望驱使人口迁移流动，人口的迁移流动使体育舞蹈文化得以扩散与传播。

体育舞蹈文化是可以代代相传的。这种世代相传不是通过遗传方式实现的，而是通过上一代人教，下一代人学的方式实现的。上一代人通过口头的方式或实际行动等多种途径向下一代有意无意地传授，下一代又通过模仿等方式有意无意地学习。这样，体育舞蹈文化就一代一代地传下去了，体育舞蹈文化的这种世代相传一般被称为纵向传递。与体育舞蹈文化纵向传递相对应的是体育舞蹈文化的横向传播。体育舞蹈文化的横向传播是不同地区之间体育舞蹈文化的相互流动，这种流动一般说来是双向的，因为每个地区都有值得学习和借鉴的体育舞蹈文化。但在很多时候，体育舞蹈文化在不同地区之间的横向流动是有主导方向的。通常是从拥有先进体育舞蹈文化的地区流向体育舞蹈文化相对落后的地区，即从"体育舞蹈文化高地"流向"体育舞蹈文化洼地"。而体育舞蹈文化的这种横向流动最有效的载体就是人口的迁移流动，即通常所说的移民。人口的这种迁移流动，无论是主动的还是被动的，政治性的还是经济性的，永久性的还是暂时性的，国际的还是国内的，都在客观上起到了促进体育舞蹈文化传播、流动的作用。

人口迁移流动对体育舞蹈文化传播的影响，最早期的表现是游牧民族对体育舞蹈文化传播的影响。在原始社会，生产力水平极其低下，人们靠采集、渔猎为生，过着漂泊不定的生活。随着生产力水平的逐渐提高，人类从攫取经济逐渐发展为生产经济。由于不同的自然条件，分别出现了原始的农业经济和游牧经济，游牧民族也随之出现。游牧民族是以游牧为主要生活方式的民族，长期无固定住所，过着逐水草而居的生活，生产设备相当简陋，经营也非常粗放。在长期的迁移流动过程中，游牧民族把某些体育舞蹈文化元素带来，又把某些体育舞蹈文化特质捎走。可以说，每一种活的体育舞蹈文化都有一种"表现欲"和"扩散欲"，它总会通过各种渠道将自身的优点和特色宣传传播出去，正是这种互动的力量，造成了体育舞蹈文化最初的广泛流动和传播。

人口迁移流动作为体育舞蹈文化传播的媒介作用，与其他传播媒介相比，就像面对面的教学形式和其他教学形式的关系一样，人口迁移流动对体育舞蹈文化传播的影响效果更深入。因为，作为不同体育舞蹈文化主体的不同地区或不同群体的人口，其迁移流动过程中，人口面对面的交流导致了体育舞蹈文化的交流与传播，这种传播的效果是其他传播媒介所不能比拟的。特别是观念、意识方面的体育舞蹈文化，只有经过面对面的交流、心灵深处的碰撞，才能实现真正意义上的体育舞蹈文化传播，形成体育舞蹈文化的互化和融合、体育舞蹈文化的冲突和整合等体育舞蹈文化变迁过程。

随着人口迁移流动的不断加强，国际之间交流的不断扩大，世界各国的体育舞蹈文化将得到充分的传播和交流。各民族体育舞蹈文化之间的互化、融合、冲突、整合等过程不断演变，全球一体化是必然趋势，体育舞蹈文化一体化也是发展趋向。

三、体育舞蹈与文化教育

对于文化来说，传播是至关重要的，文化的重要特性就在于其社会性，单单存在于个人观念形态中的思想意识，若没有与群体内其他人沟通，尚不能称之为文化。从一定意义上讲，教育就是有目的地传播文化的社会活动，它与文化传播有着千丝万缕的联系。文化传播给教育以存在的基础和意义，教育给文化传播以发展的契机和活力。我们可以这样认为，文化是传播的产物，传播是社会互动的结果。研究文化离不开对传播的分析，同样，研究传播离不开对社会关系、社会活动的考察。

文化传播有多种分类方式，仅从传播的方向上来看，可分为两种类型：一种是纵向传播，表现为同一文化内知识、观念、价值规范等的传承，与我们通常讲的文化传递大体无异；另一种是横向传播，表现为不同文化的接触、采借，与文化输入、文化借用类同。在文化教育与文化交流过程中，体育舞蹈在我国的文化传播主要通过两个方式：一是在新中国成立前伴随着资本主义文化入侵我国；二是一部分知识分子留洋时将外国人休闲娱乐时尽兴的交际舞带回国内。体育舞蹈文化的纵向传播与横向传播是紧密相连的。纵向传播中包含已被同化了的外来文化的内容，外来文化的输入也常常要借用纵向传播的方式。实际上，随着社会及文化的变迁，纯粹的纵向传播或单一的横向传播都越来越少见。文化传统吸取外来文化的精华补充新鲜血液，外来文化转变形态纳入文化传统以便植根于本土文化，都是文化发展所必需的。如此，教育在文化传播中如何避免文化的混乱和失谐，把文化传统与外来文化有机地整合在一起的功能会日益突出。

体育舞蹈文化的纵向传播也可分为两种形式，即自上而下的传播和自下而上的传播。前者是年长一代向年青一代传递体育舞蹈习俗、价值规范等的过程，后者是年青一代向年长一代传播体育舞蹈文化的过程，两者的传播关系是逆转的。在教育活动中，自上而下的传播和自下而上的传播都是存在的，但更多地体现为前者。教育这种社会现象之所以出现、存在和发生，主要是出于自上而下进行文化传播的需要。

教育也正是在体育舞蹈文化传统与文化传播的盘根错节的关联中产生和发展的。它作为一种体育舞蹈文化的传递活动，自身就是文化传统的产物。教育一方面会把体育舞蹈文化传统作为传播的主角；另一方面它也会给体育舞蹈文化传统注入活力，使其焕发出勃勃生机。

教育文化的横向传播，即不同文化的接触或者说外来文化的输入，历来是人们关注的焦点，它对文化的发展与变迁影响甚大。美国人类学家罗伯特就曾说过："可以万无一失地说，几乎所有文化百分之九十以上的内容首先都是来自传播。"科学之父贝尔纳在考察了古希腊文明之后指出，希腊不是自己发展或形成自己的文明，而是从别人那里"发现"和"拿来"的文明。文化要想超出其产生领域，就需要与其他文化建立联系，这种联系的方式很多，单就教育而言，就有传教、留学、教育交流、译著等。这些方式沟通了两种不同的文化，建立起最初的文化联系。

与其他组织传播形式相比，教育在传播、扩散体育舞蹈文化上有其自身的特点。其一，教育可以对体育舞蹈文化加以选择、整理、融合，并且以受教育者易接受的方式进行传播。其二，教育过程中可随时接受来自各方面的反馈，修正传播内容、渠道，避免所传播的体育舞蹈文化的"失真"。其三，传播者往往都是"闻道在先"的，值得信赖，受传者在与其进行接触的过程中，就有意无意地承接了他所传播的体育舞蹈文化。其四，传者与受传者可建立起稳定的、亲密的联系。其五，远距离教育、班级授课制等多种组织形式可以将体育舞蹈文化大范围地向外扩散。可以说，教育得天独厚的传播方式为体育舞蹈文化的传播铺设了通途。

第三节 体育舞蹈的国际化传播

一种文化的传播往往与一个国家的综合国力密切相关,体育舞蹈的国际传播自然也不例外。由于体育舞蹈的种类繁多,其各个种类自产生伊始就在不断地进行传播。所以,笔者没有选择其各个种类进行一一介绍,而是选择黑池舞蹈节的发展来展现体育舞蹈的国际传播。

一、欧洲国家体育舞蹈的传播态势

虽然黑池舞蹈节的比赛组别较多,但是黑池舞蹈节乃至全球的体育舞蹈可归结为两大舞种,那就是摩登舞与拉丁舞。体育舞蹈源于拉丁美洲和欧洲,是由民间舞蹈演变而来的,人们称其为"社交舞"。社交舞在14世纪到15世纪的意大利出现,后来在16世纪出现在法国,并且巴黎在1768年还专门开办了交际舞厅,后来延传至今。美国人在第二次世界大战后将此舞蹈传播到了世界各地,直到如今还十分盛行。英国人经过了24年的研究,在对传统宫廷舞、交谊舞及拉美国家的各式舞研究的基础之上,通过不断加工美化,终于在1925年颁布了四种舞的步伐,分别是狐步舞、华尔兹舞、快步舞和探戈舞,总称为摩登舞。在1950年,英国ICBI(世界舞蹈组织)举办了"黑池舞蹈节",并命名了规范后的舞蹈名,从此以后每一年的5月底,英国都会举办世界性大赛。随着大赛的不断举办,维也纳华尔兹舞也被加入摩登舞的行列。1960年,拉美一些国家和非洲又将拉丁舞的比赛增加了一些内容。可见摩登舞本就起源于欧洲,而后的拉丁舞则被欧洲与美洲规范之后广为流传。在黑池舞蹈节中欧洲选手一直以来都以出色的表现展现自己,世界上许多的顶级舞者也都来自欧洲,例如东尼·本斯(Donnie Burns)与盖娜·菲尔维塔(Gaynor Fair-weather),还有德国的冠军沙沙与娜塔莎卡拉贝等。

近几届的各项舞种成绩分析,从21岁以下摩登舞成绩来看,2011年第86届黑池舞蹈节,成绩在前六名的选手为中国、波兰、英国、德国、意大利及丹麦。2012年第87届黑池舞蹈节，取得前六名的选手为美国、英国、中国、意大利、波兰、俄罗斯。2013年第88届黑池舞蹈节取得前六名的选手为波兰、俄罗斯、中国、俄罗斯、中国、波兰。从21岁以下摩登舞成绩来看，波兰分别在86届与88届取得了冠军，88届亚军为俄罗斯。从21岁以下拉丁舞成绩来看，2011年第86届黑池舞蹈节，进入前六名的选手为乌克兰、意大利、南非、冰岛、捷克共和国、波兰。2012年第87届黑池舞蹈节，取得前六名的选手为南非、中国、俄罗斯、波兰、丹麦、俄罗斯。2013年第88届黑池舞蹈节取得前六名的选手为俄罗斯、丹麦、俄罗斯、俄罗斯、中国、乌克兰。在近几届21岁以下摩登舞以及拉丁舞组别的比赛中，前六名中基本上每年有4名来自欧洲国家，并且取得冠军的多数为北欧国家。可见欧洲国家是非常注重后备力量的培养的，并且成绩都较为稳定。

从业余新星摩登舞的比赛来看，2011年第86届黑池舞蹈节进入前六名的选手为奥地利、波兰、俄罗斯、意大利、英国、美国。2012年第87届黑池舞蹈节进入前六名的选手为美国、英国、中国、意大利、波兰、英国。2013年第88届黑池舞蹈节进入前六名的选手为波兰、俄罗斯、英国、意大利、加拿大、俄罗斯。其中2011年获得前三名的选手为奥地利、波兰、俄罗斯，2012年获得前三名的国家为美国、英国、中国，2013年获得冠、亚、季军的选手为波兰、俄罗斯、英国。

从业余新星摩登舞组别来看，欧洲依然以波兰、俄罗斯较稳定，虽在2012年波兰仅获得第五名，但是在2011年与2013年获得了第一名和第二名。从业余新星拉丁舞成绩来看，2011年第86届黑池舞蹈节获得前六名的选手为美国、美国、乌克兰、丹麦、丹麦、乌克兰。2012年第87届黑池舞蹈节获得前六名的选手为俄罗斯、意大利、中国、俄罗斯、乌克兰、俄罗斯。2013年第88届黑池舞蹈节获得前六名的选手为丹麦、俄罗斯、英国、英国、南非、波兰。从业余新星拉丁舞组别的比赛来看，欧洲国家中波兰并没有进入决赛，俄罗斯依然进入了决赛并且在2012年获得冠军，欧洲国家中丹麦也在2013年取得了第一名。可见在业余新星的组别中，欧洲还是比较稳定的，总体处于领先地位。

在职业新星摩登舞组别的比赛中，2011年第86届黑池舞蹈节，获得前六名的选手为美国、美国、俄罗斯、美国、美国、芬兰。在2012年第87届黑池舞蹈节中获得前六名的选手为中国、美国、日本、中国、俄罗斯、英国。2013年第88届黑池舞蹈节中获得前六名的选手为美国、俄罗斯、波兰、美国、乌克兰、英国。在职业新星摩登舞组别的比赛中，欧洲国家的俄罗斯在2013年获得了亚军，波兰在2013年获得了季军，冠军均在美洲与亚洲组别产生。可见，在近三年职业新星摩登舞的比赛中，欧洲并不能赶超美洲国家以及亚洲国家。在职业新星拉丁舞组别的比赛中，2011年第86届黑池舞蹈节，获得前六名的选手为美国、意大利、德国、立陶宛、澳大利亚、美国。2012年第87届黑池舞蹈节中获得前六名的选手为美国、英国、美国、乌克兰、澳大利亚、美国。2013年第88届黑池舞蹈节中获得前六名的选手为英国、中国香港、英国、意大利、中国、日本。在职业新星拉丁舞组别的比赛中，欧洲在86届以及87届的黑池舞蹈节比赛中意大利与英国分别在两届中获得亚军，英国在第三届中获得冠军以及季军。欧洲相比美洲在职业新星拉丁舞组别的比赛中，不断在进步与赶超。

在业余摩登舞组别的比赛中，2011年第86届黑池舞蹈节获得前六名的选手为英国、丹麦、德国、中国、波兰、波兰。2012年第87届黑池舞蹈节获得前六名的选手为丹麦、波兰、波兰、中国、波兰、波兰。2013年黑池舞蹈节获得前六名的选手为波兰、中国、波兰、英国、波兰、波兰。在业余摩登组的比赛中近几届的前三名有两届均为欧洲国家，欧洲几乎包揽了近几届业余摩登组别的前六名。在业余拉丁组别的比赛中，2011年第86届黑池舞蹈节获得前六名的选手为斯洛文尼亚、英国、美国、丹麦、意大利、丹麦。2012年第87届黑池舞蹈节获得前六名的选手为英国、丹麦、俄罗斯、意大利、德国、俄罗斯。2013年黑池舞蹈节获得前六名的选手为丹麦、俄罗斯、意大利、俄罗斯、意大利、丹麦。除了2011年美国获得了第三名的成绩外，2011年第86届、2012年第87届、2013年第88届举行的黑池舞蹈节业余拉丁组别的比赛成绩在前六名的都是欧洲国家。

在职业摩登组别的比赛中，2011年第86届黑池舞蹈节获得前六名的选手为美国、意大利、美国、德国、斯洛文尼亚、俄罗斯。2012年第87届黑池舞蹈节的比赛中，获得前六名的选手为美国、美国、英国、斯洛文尼亚、俄罗斯、德国。2013年黑池舞蹈节获得前六名的选手为美国、美国、英国、斯洛文尼亚、俄罗斯、德国。在近几届职业摩登组别的比赛中，欧洲显然不如美洲的成绩优秀，虽然进入决赛的欧洲选手较多，但是取得前三名的国家只有意大利与英国，且为第二、三名的成绩。在职业拉丁组别的比赛中，2011年第86届黑池舞蹈节获得前六名的选手为波兰、美国、俄罗斯、斯洛文尼亚、加拿大、意大利。2012年第87届黑池舞蹈节的比赛中，获得前六名的选手为英国、美国、俄罗斯、加拿大、斯洛文尼亚、意大利。2013年黑池舞蹈节获得前六名的选手为英国、美国、俄罗斯、加拿大、斯洛文尼亚、俄罗斯。美国与俄罗斯在近几届的职业拉丁组别的比赛中稳居第二名与第三名，而冠军则依次为波兰、英国、英国。由此可见，欧洲依然处于这一舞种的领先地位。

欧洲作为体育舞蹈的发源地，其体育舞蹈的发展有深厚的文化基础，且历史悠久，所以欧洲国家的体育舞蹈发展一直处于全球领先的地位。欧洲国家重视体育舞蹈的发展，注重培养体育舞蹈发展的后备力量和新生力量，为欧洲国家体育舞蹈发展提供了坚实的保障。在体育舞蹈技术水平的发展中，欧洲国家虽然代表着世界最领先的水平，但还在不断超越和发展。欧洲国家体育舞蹈的发展不同于美洲国家，欧洲国家体育舞蹈的发展总体上较为均衡，欧洲各国体育舞蹈的发展水平都较高。因此，欧洲体育舞蹈在未来很长的一段时间里还会处于世界的领先地位。

二、美洲国家体育舞蹈的传播态势

从近几届的各项舞种成绩来分析美洲国家体育舞蹈发展态势，从21岁以下摩登舞组别的比赛来看，2011年第86届黑池舞蹈节进入前六名的选手为波兰、中国、英国、意大利、丹麦、德国。2012年第87届黑池舞蹈节取得前六名的选手为美国、英国、中国、意大利、波兰、俄罗斯。2013年第88届黑池舞蹈节取得前六名的选手为波兰、俄罗斯、中国、俄罗斯、中国、波兰。从21岁以下摩登舞成绩来看，波兰分别在第86届与第88届取得了冠军，第88届亚军为俄罗斯。从21岁以下拉丁舞成绩来看，2011年第86届黑池舞蹈节，进入前六名的选手为乌克兰、意大利、南非、冰岛、捷克共和国、波兰。2012年第87届黑池舞蹈节取得前六名的选手为南非、中国、俄罗斯、波兰、丹麦、俄罗斯。2013年第88届黑池舞蹈节取得前六名的选手为俄罗斯、丹麦、俄罗斯、

俄罗斯、中国、乌克兰。从近几届黑池舞蹈节 21 岁以下摩登舞以及 21 岁以下拉丁舞的成绩来看，美洲的成绩不尽如人意，仅在 2012 年 21 岁以下摩登舞组别的比赛中进入了决赛。

从业余新星摩登舞的比赛来看，2011 年第 86 届黑池舞蹈节进入前六名的选手为奥地利、波兰、俄罗斯、意大利、英国、美国。2012 年第 87 届黑池舞蹈节进入前六名的选手为美国、英国、中国、意大利、波兰、英国。2013 年第 88 届黑池舞蹈节进入前六名的选手为波兰、俄罗斯、英国、意大利、加拿大、俄罗斯。其中 2011 年获得前三名的国家为奥地利、波兰、俄罗斯。2012 年获得前三名的国家为美国、英国、中国。2013 年获得冠、亚、季军的国家为波兰、俄罗斯、英国。

从业余新星拉丁舞成绩来看，2011 年第 86 届黑池舞蹈节获得前六名的选手为美国、美国、乌克兰、丹麦、丹麦、乌克兰。2012 年第 87 届黑池舞蹈节获得前六名的选手为俄罗斯、意大利、中国、俄罗斯、乌克兰、俄罗斯。2013 年第 88 届黑池舞蹈节获得前六名的选手为丹麦、俄罗斯、英国、英国、南非、波兰。美国在 2011 年以及 2012 年业余新星摩登舞的比赛中进入决赛，并且在 2012 年获得了第一名，2013 年并未进入决赛。在近几届业余新星拉丁舞组别的比赛中，美洲国家中只有美国在 2011 年的比赛中进入决赛并且获得了第一名以及第二名的好成绩，其余两年的比赛中并没有进入决赛。

在职业新星摩登舞组别的比赛中，2011 年第 86 届黑池舞蹈节，获得前六名的选手为美国、美国、俄罗斯、美国、美国、芬兰。在 2012 年第 87 届黑池舞蹈节中获得前六名的选手为中国、美国、日本、中国、俄罗斯、英国。2013 年第 88 届黑池舞蹈节中获得前六名的选手为美国、俄罗斯、波兰、美国、乌克兰、英国。

在职业新星拉丁组别的比赛中，2011 年第 86 届黑池舞蹈节获得前六名的选手为美国、意大利、德国、立陶宛、澳大利亚、美国。2012 年第 87 届黑池舞蹈节中获得前六名的选手为美国、英国、美国、乌克兰、澳大利亚、美国。2013 年第 88 届黑池舞蹈节中获得前六名的选手为英国、中国（香港）、英国、意大利、中国、日本。

在近几届职业新星摩登舞组别的比赛中，美国都有进入决赛并获得第一名以及第二名的成绩。并且在职业新星拉丁舞组的比赛中都进入了决赛,除了2013年,成绩都比较稳定。

在职业摩登组别的比赛中,2011年第86届黑池舞蹈节获得前六名的选手为美国、意大利、美国、德国、斯洛文尼亚、俄罗斯。2012年第87届黑池舞蹈节的比赛中,获得前六名的选手为美国、美国、英国、斯洛文尼亚、俄罗斯、德国。2013年黑池舞蹈节获得前六名的选手为美国、美国、英国、斯洛文尼亚、俄罗斯、德国。在近几届职业摩登舞组别的比赛中,欧洲显然不如美洲的成绩优秀,虽然进入决赛的欧洲选手较多,但是取得前三名的国家只有意大利与英国。

在职业拉丁舞组别的比赛中,2011年第86届黑池舞蹈节获得前六名的选手为波兰、美国、俄罗斯、斯洛文尼亚、加拿大、意大利。2012年第87届黑池舞蹈节的比赛中获得前六名的选手为英国、美国、俄罗斯、加拿大、斯洛文尼亚、意大利。2013年黑池舞蹈节获得前六名的选手为英国、美国、俄罗斯、加拿大、斯洛文尼亚、俄罗斯。美国与俄罗斯在近几届的职业拉丁组别的比赛中稳居第二名与第三名。

由以上成绩可以看出美洲国家的体育舞蹈成绩目前只有美国处于领先地位,并且美国在美洲国家中的成绩独占鳌头,甚至在全世界都属顶尖。从21岁以下摩登舞以及拉丁舞组别的比赛可以看出,美国应该注重后备力量的培养,虽然在职业组别的比赛中成绩比较突出,然而后备力量在体育舞蹈事业的发展中起着至关重要的作用。不管现在的舞者再优秀,终究有退役的一天,早日整理出优秀的培养方案,进行后备力量的培养才是当务之急,否则美国在职业组别的地位早晚会被其他国家赶超。美洲国家中现在只有美国在体育舞蹈事业上发展得比较出色,美洲的其他国家应当像欧洲国家一样,各国的成绩不相上下,均衡发展,而不是只有一个美国能代表美洲国家。

第八章　体育舞蹈产业发展研究

第一节　体育舞蹈产业发展的内部影响因素

一、体育舞蹈产业的中间需求率与中间投入率分析

一般而言，我国体育舞蹈产业的中间需求率较低，但其最终需求率较高，完全属于生活型服务业，对满足人们日益增长的物质和精神需要有非常重要的意义。同时也表明，我国体育舞蹈产业提供的体育服务产品被国民经济各部门用作中间产品投入生产消费的十分少，大部分体育舞蹈服务产品被用作最终产品，投入居民消费或投资消费或出口。

体育舞蹈产业的中间投入率较高，中间需求率较低，意味着服务生产中对工农业产品等中间投入的需求量大，社会化程度高，服务产品被用于中间产品的比重低，被用于最终消费的多。所以，体育舞蹈产业主要通过最终需求型服务拉动直接内需。体育舞蹈产业可谓"高附加值、低带动能力"的行业。也就是说，体育舞蹈产业虽然附加值高，但对其上游产业的带动能力却不强。另外，随着体育舞蹈向产业化方向发展，体育舞蹈产业的中间投入率必然会逐步上升，从而使体育舞蹈产业对其上游产业的带动能力提升。

综合考察我国体育舞蹈产业的中间需求率和中间投入率，可将体育舞蹈产业归为最终需求型行业，其主要特点是以提供生活服务，满足人们最终需求的行业。体育舞蹈产业的中间需求率比其他产业都低，服务产品作为消费资料的特点比较明显。随着国民经济的发展、城乡居民收入水平的提高，体育舞蹈产

业将带来更多的需求，特别是城乡居民结构和社会消费水平的改变，必然对体育舞蹈产业的发展产生深刻的影响。

体育舞蹈产业"高附加值、低带动能力"的特征比较明显；从经济增长的角度来看，"高附加值"产业是最为理想的产业发展方向。但就目前情况看，体育舞蹈产业的市场盈利水平并不高。如何在制定发展"高附加值、低带动能力"的产业政策显得颇为重要。综合考察体育舞蹈产业的中间需求率与中间投入率的结果：体育舞蹈产业的中间需求率较低，中间投入率也较低，具有比较突出的"最终需求基础产业"特征，因此，体育舞蹈产业能否获得优先发展政策主要取决于我国国民经济的整体发展水平。

二、体育舞蹈产业自身的影响力与感应度研究

从影响力来看，我国体育舞蹈产业在整个国民经济各产业部门中是属于较低影响力的产业。体育舞蹈产业对国民经济发展的推动力不如卫生和社会福利事业、科学研究事业、社会服务业等那么强大。从影响力来看，就全国经济发展而言，体育产业一时还难以成为我国经济产业结构调整中带动性强的支柱产业。

另外，从体育舞蹈产业提供的服务产品的属性看，目前体育舞蹈产业影响力提高的可能性空间不大。体育舞蹈产业影响力在第三产业中处于较低水平，主要与其中间需求率低、服务产品的最终消费特点有关。因此，要提高体育舞蹈产业对国民经济发展的推动作用，关键在于要向第一、二和其他第三产业提供更多的生产服务。随着生产的社会化和专业化程度的提高，体育舞蹈产业中生产服务的供给会加大，从而使体育舞蹈产业对国民经济发展的推动作用也会增大。

从感应度来看，我国体育舞蹈产业在整个国民经济各产业部门中是属于最低感应度的产业部门，其受到国民经济发展的拉动能力是各产业中最低的。并由此可见，我国国民经济的发展对体育舞蹈产业的需求程度非常低，估计这与体育舞蹈产业提供市场化的生产性服务产品较少有关，从一定意义上也表明了中国体育舞蹈产业的市场化、产业化程度较低。

从理论上说，国民经济各产业发展后对某一产业发展的需求（即产业受到的感应）表现在两个方面：一是对生产服务的需求；二是对生活服务的需求。

因此，要提高体育舞蹈产业的需求（被感应）程度，必须提高产业的社会化、专业化程度，以及人均收入水平的提高。

另外，从我国体育舞蹈产业自身的影响力与感应度比较发现，影响力均高于感应度，即我国体育舞蹈产业受国民经济拉动发展的程度小于其对国民经济发展的推动程度。因此，这就决定了中国在发展体育舞蹈产业时宜采取主动的发展战略和模式，即通过主动发展体育舞蹈产业来推动国民经济的发展，而不是等国民经济发展后来拉动体育舞蹈产业的发展。为此，从这个角度看，体育舞蹈产业的发展政策应该采取主动发展或者自主发展的政策措施。

三、体育舞蹈产业发展资金与管理人才研究

这是目前制约我国体育舞蹈产业发展的一个根本性的瓶颈。我们知道，充足的资金投入是体育舞蹈产业发展的前提条件。但受计划体制影响，我国体育舞蹈产业一直以国家财政拨款为主，近年来虽然在向社会筹集方面做了一定的尝试，但总的来说资金来源渠道仍然比较单一。主要靠国家财政投入的方法不仅会导致投资效益差，而且也解决不了我国体育服务供需矛盾。体育服务业发展的财源越来越依赖于市场。但正是由于我国体育服务产业市场运作水平较低，导致资本回报也非常低，又严重地制约了各种资本向体育服务业流动。因此，我们迫切需要就我国体育服务的投资体系进行深入探讨，以便从根本上推动我国体育服务的健康发展。

从国外体育服务业的发展历程来看，如果没有熟悉体育和经济管理的综合型人才，体育服务业就成长不大，体育服务市场就运作不起来。但现实情况是，我国体育经营管理人才在数量和质量两方面都严重不足。在人才竞争日益激烈的大背景下，我国需要包括体育舞蹈管理型和体育舞蹈经纪型的各种体育经营人才，来面对国外的竞争，但是我国目前还没有专门培养体育舞蹈经营人才的机构。构建我国体育舞蹈经营人才的培养体系，是当前我国面临的一项十分紧迫的任务。

四、体育舞蹈服务业自身发展的不平衡

首先，由于受经济发展水平的制约，各地区的产业发展规模和水平有很大

差距。东南沿海开放地区和内陆大城市的经济发展较快,体育舞蹈服务市场发展较快。在多种所有制参与下,沿海地区和中心城市已经建立了一批体育健身娱乐场所,部分地区已经出现了买方市场,初步解决了人们的体育舞蹈健身需求。如深圳市自20世纪80年代以来,兴建了多种体育舞蹈健身俱乐部及各种场所。而经济发展落后地区特别是农村地区由于政府财政吃紧、宏观投资环境的不健全,加之体育舞蹈市场意识比较淡薄,普遍没有建立起满足人们需求的体育舞蹈健身娱乐市场。

其次,各运动项目间的产业开发也是不平衡的。由于各项目的技术水平和在国际上取得的成绩有差别,项目的观赏性也不同,因此其产业资源价值、市场容量和效益有很大差异。

第二节 体育舞蹈产业发展的外部影响因素

一、经济全球化与体育舞蹈产业发展

经济全球化是世界经济发展主流态势,是一个不以人的意志为转移的客观的历史的时代潮流,是社会生产力和生产关系不断发展变革以及科技进步的必然趋势和客观反映。经济全球化将影响地球上每一个国家和地区,其冲击力和渗透力是无法阻挡和回避的,尤其是在社会经济发展方方面面。正如著名经济学家约翰·H. 邓宁所言:"除非有天灾人祸,经济活动的全球化不可逆转。"世界贸易组织总干事鲁杰罗也指出:"阻止全球化无异于想阻止地球自转。"经济全球化是一个过程,旨在借助于全球范围内生产要素的自由流动和优化配置,使各国相互融合成整体市场。体育舞蹈产业发展不可避免地受到经济全球化变化的影响,其影响主要体现在以下几方面。

其一,经济全球化不仅使大型体育舞蹈赛事的消费主体具有跨国性特征,而且使体育舞蹈赛事投入品也来自于国际市场,从而使大型体育舞蹈赛事在国际范围内影响其关联产业。经济全球化的结果将严重影响体育舞蹈产业的发展。

其二,经济全球化为跨国公司全球化发展提供了保障。大型体育舞蹈赛事

（特别是奥运会、世界杯、亚运会等大型体育赛事服务）具有社会影响大等特点，很多企业正是利用这一特点来实现公司全球化经营战略的目标，如阿迪达斯、百威啤酒、飞利浦、麦当劳、东芝等企业。

同时，跨国公司的行为也反过来提升了体育舞蹈赛事在世界范围的影响力，进一步提高体育舞蹈赛事无形资产的价值。如国际奥委会的TOP计划。由于TOP计划的设计理念符合经济全球化的趋势，其包装的指向迎合国际著名跨国公司全球化经营战略的需要，从而使其价值一路飙升。TOP1期获赞助金总额1.015亿美元，TOP2期获赞助金总额1.75亿美元，TOP3期获赞助金总额4亿美元，TOP4期获赞助金总额预计超过5亿美元。

其三，经济全球化促进各国科技的合作与发展，促进各国的技术进步。经济全球化是当代世界经济的重要特征之一，也是世界经济发展的重要趋势。经济全球化是指世界经济活动超越国界，通过国际贸易、资本流动、技术转移、提供服务、相互依存、相互联系而形成的全球范围的有机经济整体。在经济全球化趋势下，商品、资金、技术、劳动力等生产要素大规模跨越边界在全球范围内迅速流动。经济全球化，有利于资源和生产要素在全球的合理配置，有利于资本和产品在全球的流动，有利于科技在全球的扩张，有利于促进不发达地区经济的发展，是人类发展进步的表现，是世界经济发展的必然结果。

此外，经济全球化也给各企业带来空前激烈的竞争环境，这促使各类企业改进技术、提高效率，促进其国际竞争力的进一步提高，有利于实现各部门的技术进步。

其四，贸易全球化是经济全球化的重要表现形式。经济全球化为国际贸易和技术创新提供了广阔的空间，随着经济的全球化发展，不仅促进了国际贸易发展，而且加速了技术创新的进程。另外，国际贸易和技术创新也是相互促进的。一方面，国际贸易的发展从根本上有赖于一国的技术创新，技术创新能够提高产品国际竞争力，改变产品结构和国际分工，提高交易运作的效率和效益，推动国际贸易的发展；另一方面，国际贸易又为技术创新提供了市场空间，国际贸易对科技产业化发挥着积极的引导、促进和推动作用。

通过贸易全球化，各国充分发挥本国的比较优势，实现"以最有利的条件生产，在最有利的市场销售"这样一种世界经济发展的最优态势。所谓比较优势,原则认为,如果各国专门生产和出口其生产成本相对较低的产品,就会从贸易中获利。或者反过来说,如果各国进口其进口成本相对较高的产品,也将从贸易中得利。这种态势促使生产要素价格的降低,从而促使体育舞蹈赛事及其前、后关联产业的生产要素价格的下降,有利于体育舞蹈产业化的发展。

二、制度调整与体育舞蹈产业的发展

制度是约束人们行为的一系列规则,它既包括人类社会的经济规则,也包括社会规则和政治规则。澳大利亚学者柯武刚(Wolfgang Kasper),德国学者史漫飞(Manfred E.Streit)认为,制度是人类相互交往的规则,这种规则抑制着可能出现的、机会主义的和乖僻的个人行为,使人们的行为更为可预见并由此促进着劳动分工和财富创造。一个社会要有效能,总是隐含着对违规的某种惩罚。制度是各种惩罚措施并能对人们的行为产生影响的系列规则,其关键功能在于增进社会秩序。

由于制度具有节约交易成本、规范社会秩序、增强社会协调、规范市场竞争等功能,因此,制度因素对体育舞蹈产业的影响是不容置疑的。当体育赛事与其前、后向直接波及产业部门波及传导的外环境处于有序的市场配置资源的制度安排时,在市场中,价格协调着生产者和消费者的决策。较高的价格趋于抑制消费者购买,同时刺激生产;较低的价格鼓励消费,同时抑制生产。价格在市场机制中起着平衡的作用。市场配置资源这一机制很好地解决了生产什么、如何生产和为谁生产这三个基本经济问题。在这一制度保证前提下,社会各类资源(包括产品、服务、人力资源和技术等)的配置构成会随着市场需求结构的变动而有弹性的变动,有利于体育舞蹈产业的合理规划与发展。

当体育舞蹈产业发展的外环境处于强化计划配置资源的制度安排时,行政手段协调着社会经济活动。在单纯的行政管理下,体育舞蹈产业与其前、后向直接波及产业部门都会受"瓶颈效应"而产生不利影响。具体表现在下面几个方面。

其一,体育舞蹈产业与直接波及产业部门的资源配置结构。当制度安排具有浓重的计划成分时,市场价格由政府决定,体育舞蹈赛事后向直接波及产业部门并不会完全按生产体育舞蹈赛事的需求而进行适应性变动。同样的,体育舞蹈赛事往往偏离市场价格，不会按体育舞蹈赛事前向直接波及产业部门的需求进行生产，这将导致它们之间无法有效地实现波及传导功能。

其二，强化政府对大型体育赛事的干预，会导致寻租行为。在政府主导型的制度安排下，政府通过制度安排所拥有的体育舞蹈赛事的特许权进行寻租。所谓寻租，按照寻租理论的鼻祖美国经济学家克鲁格的定义和阐述，寻租是指人们凭借政府保护而进行的寻求财富转移的活动。它包括"旨在通过引入政府干预或者终止它的干预而获利的活动"。这种寻租行为可能直接导致体育舞蹈赛事的成本提高，抬高价格，并使社会需求量降低。体育舞蹈赛事社会需求量的降低，对其社会影响力会产生负面影响，最终将不利于体育舞蹈产业的发展。

其三，计划体制下，不利于技术波及传导。在计划经济体制下，难以设计出经济激励措施，各类企业很少通过改进生产技术来降低生产成本，而更多的是以降低生产质量来提升利润率。这将不利于产业间的技术传导，最终导致体育舞蹈产业与波及产业的技术层次失衡，影响它们之间波及效应的放大。

由此我们可以看出，制度变量尽管是非直接生产性要素，但其对体育舞蹈产业的发展产生了巨大的作用。只有在有序的市场配置资源的制度安排下，才能保证体育舞蹈行业资源的合理配置与体育舞蹈产业的发展。

三、人均收入水平与体育舞蹈产业的发展

随着人均收入水平的提高，闲暇增多，需求层次升级，人们对大型体育舞蹈赛事的消费就会随之增加。人均收入水平的提高在促进人们的体育舞蹈赛事消费水平的同时，它还将会对体育舞蹈产业的前向关联产业的波及传导效应产生积极的影响。由于人们对体育舞蹈赛事需求的增加，人们的偏好通过人与人的社会互动产生扩散效应，从而提高体育舞蹈产业的社会影响力，这将促使体育赛事服务的价值不断提高。

随着体育舞蹈产业社会影响力的不断提高，作为再生产投入品的比较优势会大幅凸现，由此拉动其前向波及产业的需求扩张。也就是说，不仅大型体育舞蹈赛事的存量利用效率得到了提高，同时也提高了体育赛事的社会影响力，最终促使其与前向直接波及产业部门的双向波及传导效应的加强，促进两者间波及效应的放大，其结果将对体育舞蹈产业的发展产生深刻影响。

第三节　促进我国体育舞蹈产业发展的路径

一、我国体育舞蹈产业存在的问题

（一）政府投入与组织观念

随着体育舞蹈在我国的普及与发展，它不仅丰富了人民群众的业余文化生活，而且取得了良好的社会效益和经济效益。我国的体育舞蹈运动一直属于民间的自生自娱项目，这在一定程度上影响了体育舞蹈组织者的经营观念和企业、社团及居民的体育消费观念。

（二）固有特性与无序竞争

体育舞蹈的艺术性、专业性以及竞技性太强，单一的体育舞蹈特性，缺乏叙事的舞蹈内涵或创意；专业的体育舞蹈用品，也只有舞者才能用，造成了体育舞蹈是"只可观赏，并不是人人都能参与的"一项运动；将那些想学而又有天赋的孩子或人群拒于体育舞蹈大门之外。同时，由于受中国传统文化的影响，体育舞蹈服装的暴露又让青少年对体育舞蹈产生怀疑。

来自体育舞蹈组织内部的"不经济"，所形成的"内耗"，让体育舞蹈处于不正当的竞争和无序发展的状态。例如：国内有诸如中国体育舞蹈联合、体育舞蹈健身协会等多个国家级组织存在，导致"舞者"参与活动取向选择的困惑；目前也存在"专业打业余"等的不合理现象，以及名目繁多打着"全国性""大地区"的旗号却是商业化过浓而缺乏规范的小地区比赛；目前还存在挖生源，诋毁性传播等不良体育舞蹈职业倾向，学生可以通过正常渠道办理转学、转会和变更注册单位手续，挖生源就是不通过正常的渠道对生源办理交流手续，而是不择手段地凭借自己的一些优势，诋毁他人，达到挖生源的目的，不良的体育舞蹈职业倾向严重地扰乱了体育舞蹈产业化健康、有序地发展。

（三）开发程度与人力资源

我国由于体育舞蹈产业起步相对较晚、相关专业学校不足等因素，存在人才不能满足产业发展的现状。首先是人才总体数量不足；其次是复合型人才短缺，既深刻把握体育舞蹈的内在本质和规律又擅长体育舞蹈市场化经营的人才稀缺。地区发展不平衡也是我国体育舞蹈存在的问题。在这一点上，体育舞蹈明显体现出区域不平衡的特点。

二、我国体育舞蹈产业的发展对策

（一）树立科学的体育舞蹈产业发展理念

作为体育产业的有机组成部分，体育舞蹈响应国家体育行业创造经济效益为促进国民经济增长做贡献的号召，开始向市场化和产业化发展。要加快体育舞蹈产业化发展的步伐就要站在国民经济发展的高度来看待体育舞蹈产业，把它作为国民经济新增长点来抓。

首先，从体育舞蹈培训市场入手，全面整顿体育舞蹈培训市场和体育舞蹈相关产业，尤其是从事体育舞蹈教学训练的单位和个人及体育舞蹈用品、器材，依法对其进行管理，使之步入健康、有序的发展轨道。其次，体育舞蹈竞赛表演是体育舞蹈产业化的支柱。体育舞蹈赛事的定价应依据不同的消费群体、不同地区以及不同档次的消费场所，要利用比较合理的票价来吸引观众，这样可以激发赞助商和广告商的投资兴趣，也就扩大了与体育舞蹈有关产品的销路。体育舞蹈协会举办的赛事应最大限度地向全社会开放，让更多的人参与进来。力求创体育舞蹈品牌赛事，以赛事推动体育舞蹈竞技、表演、培训和体育舞蹈用品市场的全面发展。

（二）注重体育舞蹈市场的培育和扶持

注重体育舞蹈市场的培育和扶持，加快体育舞蹈产业化发展的步伐；要跳出"体育圈子"。体育舞蹈产业化的主要目标是：力争社会效益和经济效益双丰收。社会效益是对贯彻落实全民健身计划纲要所做出的贡献，既要得到社会认可，又要深受群众欢迎，还要推动体育舞蹈健身娱乐事业向社会化、产业化迈进；经济效益是我们的工作在适应市场经济，在运作过程中产生的经济收入，不仅可以解决当前体育舞蹈事业发展经费的不足，而且也为今后体育舞蹈市场化、产业化积累资金，形成原始积累。

1. 给予享受等级运动员资格

授予体育舞蹈运动员等级资格荣誉，严格其等级制度。实行体育舞蹈运动员等级资格制度是解决目前我国体育舞蹈事业发展，体育舞蹈产业化深层次矛盾一种有效的办法，也是壮大自己实力参与市场竞争的有效手段。给予运动员等级资格，一是考级获得等级运动员证书，二是通过比赛获奖获得等级运动员资格。

2. 开展体育舞蹈职业培训

从培训市场着手规范体育舞蹈就业资格。全面清理整顿体育舞蹈培训市场和体育舞蹈相关产业。尤其是晨晚练点和从事体育舞蹈教学训练的单位和个人及体育舞蹈中介、体育舞蹈用品及器材，依法对其进行管理，使之步入健康、有序的发展轨道。

3. 建立"体育经纪人"运作机制

体育舞蹈中介市场是体育舞蹈项目市场化的伴生物，主要包括体育舞蹈经纪、体育媒体、体育舞蹈运动员的流动等市场活动。需要积极探讨"体育经纪人"运作机制的建立，变"情感"经纪为市场运作。

4. 加强体育舞蹈产业队伍建设

体育舞蹈健身娱乐市场产业化的发展需要一批既懂体育又懂经营的体育产业人才，其中包括体育管理人才、市场决策与经营人才、科研人才和体育舞蹈运动人才。随着北京奥运会的成功举办和中国竞技体育取得的辉煌成就，中国体育的发展重点已战略性地转移到群众体育上来，而体育舞蹈健身娱乐市场根植于群众性的健身娱乐活动之中，我们相信，随着人民生活水平的不断提高，体育舞蹈健身娱乐市场的社会消费需求会越来越大，前景会越来越好。

（三）规范体育舞蹈市场化运作模式

在过去，我国竞技体育运行的管理体制是采用政府行政干预模式予以调控，社会不参与。当前，我国体育事业仍然是政府主导的发展模式，如果完全由政府包办就会导致体育事业的产业化和市场化程度较低。随着我国市场经济的发展，体育事业的市场化、商品化、产业化步伐也加快了，各个体育运动项目的市场化运作的发展方向已成为我国体育事业改革的必然趋势。体育舞蹈市场应遵循市场经济的基本规律，将体育舞蹈作为相关产品来进行商品经营，从中获得经济利益，我国体育舞蹈市场化运作模式也必须依据我国国情予以选择。所以，处理好政府与市场的关系是规范体育舞蹈市场化运作的关键所在。政府体育行政部门要切实把建立多元化的体育服务体系作为自身的主要职责和工作重点，下决心实行"管办分开"，把发展体育舞蹈事业的任务交给社会和市场。具体说就是政府体育行政部门对于体育舞蹈市场的发展从政策层面给予积极的支持，由政府牵头，制定相应的行业规范，对体育舞蹈行业实行宏观的监控和管理。对于体育舞蹈各种市场具体运作，则由市场主体独立运作。

1. 激发消费者对体育舞蹈市场各类产品的需求

激发消费者需求、引导市场消费、提高消费水平是体育舞蹈市场发展与繁荣的根本。因此，发展体育舞蹈市场必须把引导和激发群众体育舞蹈消费放在重要位置。从长远看，随着我国经济的发展，消费水平也在不断提高，消费结构中娱乐消费的比重将会有所改善，同时，随着人们余暇时间的增多，必然相应地给体育舞蹈运动这一项目消费的提高提供可能。另外，体育舞蹈的普及率高，潜在的商品价值和文化价值都很大，这一点保证了有一定数量的体育舞蹈市场的消费者。相反，体育舞蹈市场化的进程较为顺利，体育舞蹈运动吸引的观众和参与者越来越多，在娱乐消费市场中的市场占有率也就会越来越高。所以，应该利用群众需要健康、健美、娱乐的心理，开展消费意愿的引导，并且培养人们对体育舞蹈的鉴赏能力和表现能力，尤其是要从青少年开始。

2. 开发多元化的体育舞蹈市场产品

目前，在我国体育舞蹈市场还存在技术产品和物质产品单一化、固定化的现象。体育舞蹈作为竞技性和表演性项目，具有很高的技术难度，使许多消费者感觉到入门难，提高技术更难。如果一项体育运动只有少数人才能学习和掌握，就很难实行市场化运作。因此，体育舞蹈应该面向社会各种不同层次的消费者的需求，在保持原有体育舞蹈高层次形象的基础上，通过市场化机制，设计更多的大众化、普及化的专业产品，以适应广大消费者的需要。

3. 控制和稳定体育舞蹈市场价格

从当前体育舞蹈市场价格来看，体育舞蹈专业服装以及体育舞蹈培训费、体育舞蹈比赛门票普遍偏高，体育舞蹈市场只能成为少数高层次、高消费者的市场，一味地追求高价位、高利润市场策略，就会阻碍体育舞蹈市场的发展和进步。体育舞蹈市场的定价应该根据不同的消费群体、不同地区以及不同档次的体育舞蹈消费场所进行，对青少年应该采取优惠政策。特别是体育舞蹈比赛的门票，要根据实际经济状况和消费者的经济承受能力来确定比较合理的价格。要改变通过门票收入来筹集资金的思路，要利用比较合理的票价来吸引观众，观众人数的增加，可以激发赞助商和广告商的投资兴趣，也就扩大了与体育舞蹈有关的物质产品和文化产品的销路。

三、我国体育舞蹈产业的发展路径选择

（一）可供选择的发展方式

通过理论研究发现，目前可供选择的方式有三种：

1. 均衡发展方式

所谓均衡发展也称之为平衡发展，指的是各地区及其体育产业的各部门之间必须保持平衡的发展关系。均衡发展主张区域经济发展要推动所有产业部门同时发展，齐头并进；要保持各个区域之间发展的平衡，通过同时推动各个产业和区域的发展，来实现区域经济的全面、持续增长。依据均衡发展理论，体育舞蹈产业的发展，在政府部门的行政直接干预下，使各地区的体育舞蹈产业的发展均匀进行或以比较接近的速度平行推进，并力求使差距逐步缩小，实现各地区体育舞蹈产业的"均衡"发展。均衡发展的优势在于各地区的体育舞蹈产业在原有基础上平行发展，且各地区间的发展不受干扰和冲击，易实现相对平衡发展的目的。

均衡发展模式缺乏竞争的环境，对体育舞蹈产业资源配置的合理与否反应迟钝，各地区有限的生产要素不能充分发挥其作用。体育舞蹈产业在各地区全方位投入，均衡发展，这与各地区的社会经济发展的实际水平不相符。就经济效益水平而言，低收入地区与中等收入地区，发展体育产业的潜力是不相同的。

人均收入水平的不平衡直接导致消费水平的不均衡，而这一点对于以消费型为主的体育舞蹈产业的发展恰恰是最关键的。体育舞蹈产业是伴随着人们收入水平的提高，消费层次的升级而逐步形成的，消费水平的不同直接影响产业的形成与发展，虽然东部地区相对于我国的中西部地区经济优势较明显，但是其各地区的经济发展很不平衡。由于东部地区各省份的社会经济发展水平差异明显，均衡发展方式不是好的选择。

2. 非均衡发展方式

非均衡发展是指在体育产业的区域发展过程中，不是在每个地区、所有的体育行业部门以同样的速度推进，而是按一定的顺序、集中力量首先发展一部分地区和某些产业部门，以带动其他地区、其他产业部门的发展。该理论主张，发展区域经济要集中力量率先发展关联效应大的产业部门，引导和扩大对其他产业部门的投资；地区发展方面，要优先发展相对发达的地区，通过它们来支持和带动其他欠发达地区的发展。

非均衡发展的优势是发展重点明确，序列性强，能够充分发挥各地区的人力、物力和财力等资源优势，在较短的时间使体育产业得到快速发展，同时对其他地区形成拉动作用。但其劣势在于各地区的体育舞蹈产业发展水平的差距可能迅速拉大，对发展水平较低的地区造成心理上的不平衡，可能会使大多数地区体育产业发展滞后，甚至造成新的问题。

3. 非均衡协调发展方式

非均衡协调发展方式是指各地区体育产业的总体发展保持相对的平衡和协调，同时承认客观存在的发展差异，将有限的资金、技术、资源比较集中地投入体育的经济重心区，以支持和带动各地区总体水平的快速、持续发展。该理论将均衡发展方式和非均衡发展方式的优点提取出来。

非均衡性协调发展的方式，即充分利用不同区域各自的特点和优势，最大限度地发挥区域之间互补的整体优势和综合比较优势，形成竞争的合力，促进体育舞蹈产业的健康发展，逐步缩小地区间的差距。该方式对东部省份的体育舞蹈产业发展有着比较优势。

（二）我国东部省份体育舞蹈产业的非均衡协调方式的选择

除了非均衡性协调发展的方式本身的比较优势外，从我国东部省份体育产业的社会经济发展"外环境"和城市居民体育服务消费水平和特征的需求市场以及体育竞技观赏服务的供给能力来看，非均衡性协调发展的方式是一种好的选择。其基本依据有：

1. 非均衡协调发展方式的实质是适度倾斜协调发展

所谓非均衡协调发展，就是根据地区间社会、经济、体育不平衡发展的规律，有重点、有特点地推进体育舞蹈产业发展，而不是平均使用力量。

美国经济学家威廉森认为，区域经济成长从不均衡到相对均衡和均衡的演变过程是极化效应和扩散效应相互作用、相互转化的结果。在区域体育舞蹈产业成长初期，极化效应较扩散效应显著，原因是各类体育生产要素首先在少数地区可以获得较好的效益和发展。而在区域体育舞蹈产业成长后期，扩散效应变得更为重要，原因是聚集区向周围扩散渗透，带动了周边地区体育舞蹈产业的发展，从而导致区域体育经济差异的缩小。我国区域体育舞蹈产业尚处在初期阶段，体育舞蹈产业资源的极化效应较扩散效应更为明显，非均衡协调发展既能提高宏观、微观体育的经济效益，也能有效地缩小区域体育舞蹈产业的差距。

2. 非均衡协调发展方式是一种区域之间协调与互补的方式

东部地区的北京、上海等城市具有某些优势和问题。即科技文化发达、经济地理位置优越、城市文化水平高、体育资源集中、居民体育消费能力较强等优势；但这些城市又有能源紧张、区块较小等问题。而其他的一些省份区块较大，自然资源相对丰富，但科技文化、体育资源的集中度，技术力量等相对薄弱。由此可见，东部省份的中心大城市与邻近省份客观地存在体育舞蹈产业发展条件上是优劣并存、长短互现的格局。也正因为如此，区域间存在着互相补充，进行体育舞蹈资源共享和体育舞蹈产品交换以及开展体育舞蹈的技术协作的内在动力。东部省份体育舞蹈产业实施非均衡协调发展方式，可以营造以中心大城市体育舞蹈产业快速发展并有力带动周边省份共同发展的格局。

3. 非均衡协调发展是东部省份体育舞蹈产业开放型发展的需要

东部省份体育舞蹈产业发展采用非均衡协调发展方式，使东部省份在较短的时间里积聚体育舞蹈产业资源、扩大产业规模以提升国际竞争力和国际影响力，积极参与国际体育市场的竞争和交换，形成东部省份体育舞蹈产业经济开放的格局。要充分利用世界经济一体化、我国加入 WTO 的有利机遇,利用市场机制快速构筑我国东部省份体育舞蹈产业对外竞争的平台,即体育舞蹈产业的经济区,凭借自身的比较优势及时跻身于国际体育经济领域的领先行列。要做到这点,东部省份体育舞蹈产业发展采用非均衡协调发展方式则具有比较优势。

4. 非均衡协调发展方式符合社会综合效益提升的战略需要

区域体育舞蹈产业政策必须全面考虑包括社会、经济、政治等各种因素在内的社会综合效益。我国的社会、经济是一个有机整体,体育舞蹈产业的发展不仅对我国经济的发展和产业结构调整有一定的贡献,而且对人们生活方式和生活质量的改善有着重要作用。东部地区体育舞蹈产业的快速发展不仅使东部省份的居民享受到体育给予的精神满足,更重要的是东部省份的体育舞蹈产业发展方式还将对我国中部、西部地区体育舞蹈产业的发展提供"示范"作用。从社会综合效益角度来看,东部省份的体育舞蹈产业实行非均衡协调发展方式对整个国民经济的持续、快速、健康发展,实现体育舞蹈产业与社会相互协调和可持续发展,有至关重要的作用。

可见,符合我国东部省份体育舞蹈产业发展的区域发展方式,既不是传统的均衡发展方式,也不是单纯的非均衡发展方式,而是非均衡协调发展方式。实行非均衡协调发展战略,才能使我国东部省份的区域体育经济关系协调,才能使地区体育舞蹈市场和外向型体育舞蹈产业获得发展,从而对提高整个国民经济的发展做出贡献。

在我国东部区域体育舞蹈产业发展中实行非均衡协调发展战略的构想,应该说是一种理想的模式。但事物总是具有两面性,该方式在实施的过程中也有一定的操作难度,因此有必要加强区内与区外的互补性和关联性,加强区域内部体育舞蹈产业间、地区间的相互协调与经济技术联系,还要着重解决好其他国家重点建设与地方经济发展、国家利益与地方利益的关系。

不仅如此,协调发展还涉及对社会经济发展状态的价值判断,考察经济增长代价的变化对社会及社会各阶层所带来的影响。至于区域收入差异、区域间体育要素的流动以及区域对各种环境的变化等方面,目前也仅处于经验性分析阶段。如果按体育舞蹈产业的地带协调发展来看,由于每一地带包括的范围太大，而各省市区都有加速发展的积极性，在有限的资金、人力、物力条件下，协调方面仍有一定的难度。

总之，东部地区社会经济发展现状与趋势决定了体育舞蹈产业的发展模式为非均衡协调发展，即在社会经济发展水平相对较高的地区优先发展体育舞蹈产业，带动周边地区体育舞蹈产业的发展。

（三）体育舞蹈产业区域发展"集化区"的选择

自经济学家佩鲁（Perroax）提出了抽象的经济空间概念后，布代维尔（Boudaille）、拉苏恩（Lasuen）等学者又进一步从地理学角度强调产业空间的地域聚集特征。其核心内容是指，在核心区域或大城市内使某主导产业部门在资本、技术、人才等方面高度集中，形成规模经济，通过自身的迅速增长对邻近地区产生强大扩散作用的"增长极"，以带动邻近地区的共同发展。这种基本思路对我们选择东部省份体育舞蹈产业的"集化区"提供了重要的启示。当我们以非均衡协调发展方式作为我国东部省份体育舞蹈产业的发展选择时，我国东部省份体育舞蹈产业可以同时有三个"集化区"，即以北京为中心的"京—津"区带，以上海为中心的"沪—江—浙"三角区，以广州为中心的"珠三角"区域。

我国东部地区社会经济发展水平较高，有利于体育舞蹈产业的发展，通过比较研究显示出"北京—天津""上海—江苏—浙江""广州—深圳—珠海"区域具有显著的区位优势。

1.区位体育舞蹈产业发展"外环境"的优势

（1）资本存量与增量的优势

经过研究，上述三大"集化区"城市居民的平均人均GDP在3500美元以上，公众的富裕程度及生活水平明显高于其他东部省份；三大"集化区"的社会经济总量和银行资本总量均具有明显优势。体育舞蹈产业的发展需要雄厚的经济基础为依托，而上述三大"集化区"具备了利用区内社会资本的可能，并且符合了形成体育舞蹈产业发展"集化区"的初始条件。

（2）地理空间区位的优势

虽然东部各省份同属沿海地区，但从经济地理的角度看，"京—津"区带已具备1小时的"点—线"交通连接结构，具有两市一体化的地理结构。上海市全部、江苏省的南部与中部地区和浙江省东北部地区构成的长江三角洲地区，即从江苏省的长江岸线直到黄海，包括江苏省苏南地区的苏州、无锡、常州和苏中的南京、镇江、扬州、泰州、南通；浙江省环杭州湾部分包括浙北地区的杭州、嘉兴、湖州和浙东北的绍兴、宁波、舟山，形成以铁路、公路、海路为一体的交通网络结构，具备体育舞蹈产业一体化发展的地理空间区位条件。"穗—深—珠"及联系"港—澳"构成一个地域联系紧密的经济大三角，具有多层次的铁路、公路、海路为一体的交通网络结构，也具备体育舞蹈产业"集化区"的地理区位特征。我国东部省份的其他地区均不具备上述三大区域的地理空间区位的优势。

（3）人力资源和技术创新资源的优势

从已有研究结果来看，"京—津""沪—江—浙""穗—深—珠"区域无论在人均教育经费投资的水平和人均教育经费逐年增长水平方面，还是在每万人在校中学生人数等多项指标上，都呈现出明显的优势。从近10年国内外优秀人才的流动情况来看，上述三大区域积聚了绝大多数的优秀人才。从各类人才培养的能力来看，三大区域聚集了国内60%以上的著名大学和研究机构，在北京、天津、上海、南京和杭州分布有全国前十的重点大学8所，并有中科院所属院所等一批高水准的科研机构。在这些大学和研究机构中，国际性专业人才的规模和数量较大，科技人才优势明显。这些优势不仅保证了三大区域的人力资源的可持续发展的优势，而且还是我国技术创新的主要区域。三大区域的这些可持续性发展优势为体育舞蹈产业发展的"集化区"的建立提供了基本保证。

（4）体育经济发展软环境的优势

东部省份是我国改革开放的前沿地区，"京—津""沪—江—浙""穗—深—珠"区域凭借着区位原生性特点（首都或经济文化中心）和前期的政策支持，又是东部省份制度创新的先发区域，在制度不断调整的过程中，上述三大区域公众的观念更新速度和深度均超前于其他东部省份的民众，其法制观念、竞争观念、市场观念等均达到较高水平。从2000年中国市场化排位的情况来看，广东、浙江、江苏、上海、北京和天津均列全国各省、市、自治区的前七位，表明了上述三大区域通过制度调整使市场化改革的进程达到了较高水平，呈现出区域体育舞蹈产业发展软环境的制度优势。

2. 体育舞蹈产业发展"内环境"的优势

（1）体育基础设施条件的优势

在体育舞蹈产业的发展初期，体育产品生产的基设施水平的高低起着相当重要的作用。北京在1990年就成功地承办了亚运会，有大批高水平的运动场馆、运动设施和相应的各类配套设施；北京申奥成功进一步加速体育产品生产所需的体育基础设施建设，2008年起北京拥有了国际一流水平的各类运动项目的大型场馆和现代化的配套设施。上海、广州都举办过全运会和国际单项大型运动会，拥有一批水平较高、设施功能齐全的体育产品生产的基础设施；江苏省于2005年承办了全运会，各类高水平的运动设施已建成；浙江省近期也在规划供大型体育赛事使用的运动场馆和相关的配套设施，在未来的5年内也将具备承接全运会和国际大型体育赛事的体育基础设施的要求。从三大区域的体育健身休闲服务的基础设施的情况来看，北京、上海、广州不仅吸引了国际知名的体育健身休闲企业投资，而且还吸引了国内外的大量社会资本，建立了层次较高的高尔夫、健身健美俱乐部等体育健身休闲服务企业。"京—津""沪—江—浙""穗—深—珠"区域的体育产品生产的基础设施是其他东部省份无法比拟的，具有非常明显的比较优势。

（2）体育服务产品有效消费需求的优势

社会经济的协调发展，给人民带来生活质量的提高和社会的全面进步，为体育舞蹈产业的发展提供良好的基础，因为体育舞蹈产业的发展有赖于社会经济的协调发展。经过分析，以北京、天津为主的京—津地区、以上海为主的长江三角洲地区以及以广东为主的珠江三角洲地区社会经济发展水平相对较高，具有发展体育舞蹈产业的区域优势。

（四）体育舞蹈产业区域发展的时序选择

当以非均衡协调发展作为我国东部省份体育舞蹈产业的发展方式，且又以"京—津""沪—江—浙""穗—深—珠"区域作为体育舞蹈产业发展的"集化区"的情况下，我们必须考虑如何实现由"集化区"到"辐射区"的变动的时序方式。

由于资源的稀缺性及区域间资源天赋差异的客观现实,规定了不同区域体育舞蹈产业发展的时序先后性。按照产业发展的特点,以及各地区所能提供的资源水平,有步骤地合理利用资源,促进优势区域体育舞蹈产业的快速发展,并以此带动其他区域体育舞蹈产业的发展。

区域体育舞蹈产业的发展时序,不仅可以从社会经济发展的大环境来判断,而且还可以从区域产业聚集与扩散的角度进行分析。我国东部省份体育舞蹈产业区域时序发展方式的第一阶段,选择以北京、上海、广州为一级始发中心城市,天津、杭州、宁波、苏州、南京、深圳、珠海为二级中心城市,同时政府在资源和政策配置上给予重点支持和倾斜,使它们形成相对一体化的体育舞蹈产业发展的"集化区"(几个城市的体育舞蹈产业部门发展重点尽可能不同),并在短期内形成各种体育舞蹈产业资源积聚,并产生较高的增长倾向。在这个阶段,东部省份会形成明显的"中心—外围"的二元空间结构的非均衡发展态势;第二阶段,当三个"集化区"形成后,通过政府相应的政策再调整,使各"集化区"体育舞蹈产业发展的能量向"辐射区"扩散,这种扩散的强度和速率则是与区际人口的迁移、交通运输条件的改善和城市层次的提高成正比,体育舞蹈产业的"辐射区"必将会受到"集化区"产生的扩散效应的影响。第三阶段,形成中心大城市向周边中小城市扩散的机制和"京—津集化区"向辽、冀辐射,"沪—江—浙集化区"向鲁、闽辐射,"穗—深—珠集化区"向琼、闽辐射的格局,最后实现整个东部省份体育舞蹈产业的共同发展。

上述区域体育舞蹈产业发展的时序选择的优点在于,我国东部省份体育舞蹈产业在若干区域点上能够得到快速发展,并且在资源配置方式、管理和运行机制以及各种政策运用实施等方面形成真实的实验性经验系统,可对其他东部省份体育舞蹈产业的发展产生"示范效应",在一定程度上有利于东部省份体育舞蹈产业的逐步推进和发展。其缺点是,由于采用的非均衡协调发展方式,故体育舞蹈产业的中心发展区与边缘区在一定时期会存在明显的差距,尽管边缘区会受到"集化区"扩散效应的影响而得到发展,但远离"集化区"的区域会因扩散效应距离衰减规律的影响而得不到快速发展,若政策调整不当也可能形成区域体育舞蹈产业非均衡状态日益扩大的格局。

实现上述由"集化区"到"辐射区"的变动，有以下几个方面需要考虑：第一，根据各省份体育舞蹈产业资源的存量优势和特色资源，并考虑体育舞蹈产业行业关联链式反应的变动规律，统筹规划和明确几个主要城市体育舞蹈产业的重点发展行业；第二，根据资源聚集并产生"集化区"的实际需要统筹规划体育舞蹈产业资源配置方式和规模；第三，必须认真研究政府在不同的发展阶段以何种方式给予始发中心城市特殊的政策倾斜和支持。

（五）各"集化区"体育主导产业部门的选择

区域体育舞蹈产业可持续发展的关键之一是如何启动产业间的链式反应。根据体育舞蹈产业与其关联产业结构关联的逻辑模型和变动机制，以及我国东部省份三大"集化区"的实际情况，我们提出如下可供考虑的体育舞蹈产业时序选择方案。

1."京—津"地区以体育竞赛观赏服务业作为主导产业部门的选择

依据体育舞蹈产业与其关联产业结构关联的逻辑模型和变动机制，体育竞赛观赏服务业作为启动区域产业关联链式反应的主导变量；该行业的发展客观上会刺激中间需求扩张（如运动训练服务业、职业体育、体育设备制造等），并会强有力地影响人们的体育价值观念，促使体育健身休闲服务业、体育用品业和体育旅游等行业的发展，体育舞蹈产业部门间的关联效应放大，由此引起原有产业体系的结构变化。这就是以体育竞赛观赏服务业为核心部门的体育舞蹈产业结构变动的时序传导方式。西方发达国家在体育舞蹈产业发展过程中大多采用这种方式，实现体育舞蹈产业的结构变动和产业升级。"京—津"地区以体育竞赛观赏服务业作为主导产业部门的基本理由如下。

（1）特殊地域和存量及增量资源的优势

在三大"集化区"中，"京—津"地区是我国唯一的集政治、文化和经济为一体的特殊区域，具有无可比拟的国际影响力。除此之外，该区域凭借特殊区域地位已经拥有生产体育竞赛观赏服务产品的高水平运动场馆的存量资源，这种客观存在的优势是其他两个"集化区"无法相比的。

（2）体育竞赛观赏服务业的产业强拉动性优势

"京—津"地区不仅具有生产体育竞赛观赏服务产品能力的优势，而且通过承办多项国际综合性、各类单项体育赛事和商业体育赛事，积累了很多经验。在"京—津"地区将体育竞赛观赏服务业作为主导产业部门会获得很大的社会、经济效益。有文献报道，奥运经济是首都经济的一个重要部分，它不仅与体育用品业、体育健身休闲业等有联动作用，而且还与旅游、交通、餐饮、电子、信息、通信、邮政、建筑、金融、保险、环保等产业部门存在关联效应，这种产业关联效应将使北京从申奥成功到2008年国内生产总值每年增加2.5%（100多亿元人民币），全国的国内生产总值每年增加0.3%；与此同时还会创造大量的就业机会，缓解了社会的就业压力。可见，体育竞赛观赏服务业对区域经济的拉动性很强。

（3）体育竞赛观赏服务业具有提升城市品位的优势

大型体育赛事不仅可以强有力地拉动区域经济的发展，而且还能有效地提升城市品位。尽管北京奥运会采取的是政府统筹，市场化运作模式，但通过奥运会实现城市精神品质提升和硬件条件的改善却是不争的事实。北京奥运会提出"绿色奥运、科技奥运、人文奥运"三大理念，将城市发展的环境、科技生产力和人类文化结合为一体，努力打造新兴现代化的城市品质。"京—津"地区体育竞赛观赏服务业的发展，除了提升城市的精神品质外，还能促进城市的各类硬件条件的不断完善，如城市建筑、交通等。

依据体育舞蹈产业与其关联产业的结构关联逻辑模型的传导机制，"京—津"地区选择以体育竞赛观赏服务业为体育舞蹈产业的主导行业将会导致体育舞蹈产业的前向和后向关联产业的快速发展，使区域体育舞蹈产业结构更趋合理。"京—津"地区以体育竞赛观赏服务业为体育舞蹈产业的主导行业，必须完善以下几个要素的功能。

第一，强化供需市场机制。体育赛事媒体传播体制的市场化机制的建立。媒体业是体育赛事的主要消费对象之一。一方面，体育竞赛的组织者可通过媒体转播权的出售获取运行资金和利润，同时扩大社会影响拉动居民观赏性消费；另一方面，电视、广播等媒体通过体育赛事载体的社会影响效应获取广告利润。这种"双赢机制"的建立有利于产生有效的双向拉动作用。竞赛现场广告市场的竞标制度的建立是实现其市场化机制的基本前提。这种机制是企业和赛事组织者之间的一种"商品交换"的基本规则，从而达到双赢的目的。与体育竞赛结果有关的竞猜类体育彩票的发行机制的建立促进了体育市场的进一步发展。体育赛事的竞猜类彩票是体育组织者、彩票发行者和职业体育俱乐部获利的主要来源之一。该项业务的开展，不仅能提高彩票业的发展能力，而且会强化体育赛事和职业体育本身市场化运作能力，刺激竞技体育观赏服务业和职业体育的发展，产生可逆的多向拉动的作用。

第二，体育赛事观赏业硬件系统功能的完善。竞技体育观赏业的硬件系统主要包括各类运动场馆、现代化信息通信系统，以及有关体育竞赛的各种辅助设备设施等，以满足该地区体育舞蹈产业核心行业——竞技体育观赏业发展的基础性要求。

2."沪—江—浙"区域以商业体育赛事服务和健身休闲服务业为分区块主导产业的选择

从体育舞蹈产业与其关联产业的结构关联逻辑模型的传导机制来看，体育赛事观赏服务业和体育健身休闲服务业都是整个体育舞蹈产业的行业链式传导中的主导变量。尽管体育健身休闲产业的产业拉动效应不如体育赛事观赏服务业，但在实际的区域体育舞蹈产业关联结构变动过程中，其效益是多向传导的统一，体育健身休闲产业也能实现以常规传导方式刺激其他产业部门的需求扩张，行业间的关联效应放大。所谓以体育赛事服务和健身休闲服务业为分区块主导产业的发展方式是指"沪—江—浙"三个区块根据资源天赋选择以体育赛事服务业或健身休闲服务业为分区块主导产业，并实现整体区块间的体育舞蹈产业及其关联产业的联动发展方式。

具体来说，上海市选择以商业体育赛事服务业为主导产业部门；江苏省和浙江省可选择体育健身休闲服务业为主导产业部门，由这些主导体育舞蹈产业部门快速发展拉动其关联产业链式变动的形成，实现"沪—江—浙"体育舞蹈产业一体化发展格局。"沪—江—浙"区域以商业体育赛事服务和健身休闲服务业为分区块主导产业的选择有如下理由。

（1）上海市具有的体育商业赛事的市场优势

从区域体育市场形成的角度来看，影响市场发展的要素主要有区域的国际影响、供给能力、消费者的消费能力和消费偏好等。从"长三角"地区来看，上海作为国际大都市有着很高的国际知名度，完全具有吸引国际知名体育组织或职业体育俱乐部来沪进行商业体育赛事的国际影响力；同时拥有较多高水平的体育场馆，能承担多种类型的国际单项商业体育赛事（有过承担上海申花与曼联足球赛等商业赛事的成功经验），体育赛事的生产供给能力很强；上海又是我国经济最发达的城市，人均GDP超过了5000美元，人均可支配收入名列全国前茅，公众的高水平商业体育赛事的消费能力和消费偏好相对较强。这种优势比江、浙两省更明显。

（2）江、浙区具有发展体育健身休闲服务的资源和政策优势

江、浙区块的两个中心城市——苏州、杭州是国内外著名的旅游城市，具有得天独厚的自然资源和人文资源的优势，这种优质资源天赋提供了体育健身休闲产业的发展空间。当今社会人们休闲方式逐渐由观光旅游向休闲旅游转变，将体育健身休闲服务与旅游业同时发展已逐渐形成趋势。21世纪初，江、浙区块苏州、杭州等城市的"2010年社会经济发展规划"中已将建设"国际休闲博都市"作为城市发展的战略目标之一。杭州市政府于2006年召开"国际休闲博览会"，并在2004年3月与"世界休闲组织"签订了多项合作协议，同时在制度设计和产业政策方面有明确的政策支持。在上述的资源条件和政策环境以及区域联动合作的背景下，选择体育健身休闲产业作为江、浙区块体育舞蹈产业发展的主导产业部门则具有明显的比较优势。

"沪—江—浙"区域选择以商业体育赛事服务和健身休闲服务业为分区块主导产业的发展方式，须处理好以下两个问题：第一，省—市间的区域合作与竞争机制的建立问题。"沪—江—浙"区域客观地存在清晰的行政地域，政府的自利性要素在区域合作过程中可能产生由区域利益分配和再分配的博弈所形成高额的交易成本，故建立区域间合作与竞争的机制将成为区域体育舞蹈产业联动发展的保证。第二，资源配置的机制问题。尽管两省一市的市场化程度较高，但由于三地社会经济发展的制度创新起点不同、在资源配置的价值取向上存在差异，故而形成以市场机制为主体，辅之政府调控的方式配置各类体育舞蹈产业资源的格局，是"沪—江—浙"区域以商业体育赛事服务和健身休闲服务业为分区块主导产业发展方式的实际效能得以呈现的重要条件。

3. "穗—深—珠"区域以商业体育赛事服务和健身休闲服务业双重主导的产业发展选择

第八章　体育舞蹈产业发展研究

体育赛事观赏服务业和体育健身休闲服务业是体育舞蹈产业扩张和系统传导中的两个重要变量。所谓以商业体育赛事服务和健身休闲服务业双重主导的产业发展方式是指依托现有的各类资源及体育服务需求市场的特殊优势，同时双重启动体育赛事和体育健身休闲产业，由此启动体育服务产业的前向、后向关联产业规模扩展链式反应的发展方式。"穗—深—珠"以商业体育赛事服务和健身休闲服务业双重主导产业发展方式的选择，主要基于如下理由。

（1）"穗—深—珠"区域具有经济发展的可持续发展优势

一个地区体育服务市场可持续发展是由很多因素构成的，其中经济发展的水平和速度是一个重要因素。"穗—深—珠"地处广东省，在整个东部省份中其经济发展较好。这样的经济总量和发展速度为体育舞蹈产业的资源供给奠定了坚实的物质基础。

（2）"穗—深—珠"区域有体育服务市场可持续发展的优势

随着经济的发展，社会的进步，人们的体育消费偏好不断加强。除了健身休闲市场发展较好外，该区域的商业性体育赛事供给能力和消费需求规模的发展也很好。自广州市承办全运会后，在运动场馆及设施方面已具备了举办多类国际单项体育商业赛事的供给能力；2010年又举办了亚运会，可以预期，"穗—深—珠"区域可供商业体育赛事的场馆及各类设施将会得到进一步的提升和完善。

此外，商业性体育赛事的消费市场也有乐观的预期。2003年广州举办了"巴西队—中国队"的商业足球赛事，尽管当时广州已处在"非典"时期，但千元以上价格的门票却很快销售一空，电视转播权等无形资产的销售良好，由此体育赛事组织者最终获利1500万元。这个案例足以说明该区域商业体育赛事有着巨大的消费能量。经过十几年的发展，"穗—深—珠"区域体育服务市场已比较成熟，具备了作为区域体育舞蹈产业发展主导部门的条件。

体育舞蹈是集音乐、艺术、竞技、表演为一体的运动，是目前国际上比较流行的一种竞技性社会舞蹈。体育舞蹈运动于20世纪80年代传入我国以来，建立了宽广的群众基础，参与人群不断扩大，在贯彻《全民健身条例》、落实《全民健身计划》的过程中，体育舞蹈运动的影响也日益增强。中国体育舞蹈运动从30多年前身影散落街头巷尾、名不见经传，到近年来取得了长足进步，制度建设日趋完善，运动队伍不断壮大，赛事体系初步建立，市场化进程逐步进行。随着我国体育舞蹈项目的快速发展，我国的选手水平也越来越高，频频在国际体育舞蹈赛事中亮相。但是，我们也应当理性地看到，我国体育舞蹈发展虽然有了长足的进步，但与世界高水平国家相比还有相当大的差距。

因此，需要我们整体审视中国体育舞蹈发展历程，借鉴发达国家的体育舞蹈发展经验，对于我们继续探索中国体育舞蹈运动发展之路，向体育舞蹈强国迈进具有十分重要的意义。目前，我国体育舞蹈运动的发展处于一个承前启后的关键时期，有突破也有不足，在总结经验的基础上，需要我们用世界的眼光、改革创新的精神，探索具有中国特色的体育舞蹈运动及体育舞蹈产业发展之路。

参考文献

[1]赵晓玲.体育舞蹈教程[M].重庆:重庆大学出版社,2017.

[2]姜桂萍.体育舞蹈[M].北京:高等教育出版社,2017.

[3]吴东方.中国体育舞蹈理论研究最新成果[M].武汉:武汉大学出版社,2016.

[4]周多奇,王永.有氧运动与健康[M].合肥:中国科学技术大学出版社,2016.

[5]姚晓琪,张建新,笪川.健美操瑜伽体育舞蹈[M].兰州:兰州大学出版社,2015.

[6]汪阳帆.体育舞蹈的发展研究与技术探析[M].北京:中国时代经济出版社,2015.

[7]李少波.大学生休闲体育概论[M].成都:西南交通大学出版社,2015.

[8]陈黎,张昕.大学体育健康教程[M].西安:西安电子科技大学出版社,2015.

[9]胡军琅.体育舞蹈研究[M].长春:吉林大学出版社,2014.

[10]田应娟.校园体育舞蹈教程[M].昆明:云南教育出版社,2014.

[11]刘红,徐志文,郑志宏.高校体育舞蹈与形体[M].北京:现代出版社,2014.

[12]李同辉,陈金,陈泽刚.体育舞蹈与体育艺术[M].北京:光明日报出版社,2014.

[13]鲍其安,周亚军.排舞[M].杭州:浙江大学出版社,2013.

[14]于向.运动健身健康知识读本[M].杭州:浙江工商大学出版社,2013.

[15]张青澍.体育舞蹈[M].北京:高等教育出版社,2012.

[16]陈永国.视觉文化研究读本[M].北京:北京大学出版社,2009.

[17]程庸.中国元素[M].上海:东方出版中心,2009.

[18]陈衡哲.中国文化论集[M].福州:福建教育出版社,2008.

[19]荣丽.体育舞蹈基础教程[M].北京:北京航空航天大学出版社,2007.

[20]王玉德.文化学[M].昆明:云南大学出版社,2006.

[21]童韶岗,雷勇时.体育舞蹈[M].桂林:广西师范大学出版社,2005.

[22]冯萍,张杰,钱宏颖.健美操体育舞蹈[M].北京:高等教育出版社,2004.

[23]刘建军,孟昭新.体育舞蹈[M].北京:北京体育大学出版社,2004.

[24]王振超.形体训练[M].北京:科学出版社,2011.

[25]洪涛,王娜.空乘人员形体及体能训练[M].4版.北京:旅游教育出版社,2017.

[26]王晶.形体训练与形象设计[M].北京:清华大学出版社,2011.

[27]刘倩.形体健美与体能训练[M].郑州：郑州大学出版社,2011.

[28]赵晓玲,马煜澄,蒋嘉陵.健美操教程[M].重庆；重庆大学出版社,2017.

[29]姜桂萍.体育舞蹈[M].北京:高等教育出版社,2008.

[30]刘瑛.健美操的健身与锻炼[J].长江丛刊,2017（24）.

[31]李林,高蒙蒙,向水针.简论健美操音乐的选配[J].运动,2016（08）.

[32]曾晓莉.大学生健美操表现力分析与培养[J].当代体育科技,2016（16）.

[33]韩明菊.高校健美操教学改革研究[J].时代报告,2016（40）.

[34]刘苗.高校体育舞蹈教学现状及对策分析[J].西部素质教育,2017（06）.

[35]白云瑞,高杰,青凯.体育舞蹈对大学生身心健康的影响[J].当代体育科技,2017（05）.

[36]樊更生.体育舞蹈（摩登舞）基础教程[M].北京：北京体育大学出版社,2004.

[37]曹洪.摩登舞基本训练教程[M].上海:上海音乐出版社,2015.

[38]张臣,孙中英,李月.拉丁舞基础教程[M].哈尔滨:哈尔滨地图出版社,2007.

[39]沈莹.拉丁舞初级教程[M].上海:上海科学技术文献出版社,2016.

[40]王晓玲,刘君.瑜伽[M].大连；大连理工大学出版社,2011.

[41]王洪.啦啦操教程[M].北京:人民体育出版社,2013.

[42]张巧.啦啦操基础教程与指导[M].长春:吉林人民出版社,2013.

[43]邹静,宋强,任为民.体育舞蹈[M].北京:高等教育出版社,2011.

[44]许剑,叶条凤,吕莉.高校时尚健身健美操实践研究[M].北京:中国水利水电出版社,2013.

[45]黄荣,张鹏,王彦旎.健美操[M].北京:清华大学出版社,2015.

[46]王晖晖.形体训练[M].北京:北京理工大学出版社,2010.

[47]高月瑶.现代礼仪与形体训练对大学生的影响探索[J].现代交际（学术版）,2017（12）.

[48]凌君瑶.高校健美操教学中形体训练的应用[J].考试周刊,2017（34）.

[49]刘芳.浅析普通高校大众健美操的创编[J].运动精品（学术版）,2016（01）.

[50]沈小燕.试论新理念下健美操创编能力培养的教学研究[J].当代体育科技,2016（11）.

[51]黄宽柔,姜桂萍.健美操体育舞蹈[M].北京:高等教育出版社,2006.

[52]赵斯文.体育院校舞蹈教学中艺术欣赏力的培养[J].科技风,2016（19）.